KB061116

매일매일 유해화학물질

유해환경 시대를 사는 우리가
알아야 할 최소한의 지식

매일매일 유해화학물질

이동수 · 이수경 · 김찬국 · 장영기 지음

프롤로그

1장.
매일매일 '먹고 마시고 만지는' 유해화학물질

2장.
독이 되어 돌아온 화학물질

3장.
죽거나 병들지 않을 권리

4장.
유해물질의 위협으로부터 안전해지는 법

부록

지금은
유해화학물질 시대

　우리는 지금 유해화학물질이 넘쳐나는 세상에서 살고 있다. 그로 인한 각종 피해로 신경이 곤두서서 케모포비아chemophobia란 단어가 유행할 정도다. 국내에서는 얼마 전에 가습기 살균제로 인해 수천 명에 이르는 사상자가 발생했고, 2012년 구미 화학제품 생산업체에서 불산 가스가 누출되어 5명이 사망하고 1만여 명이 상해를 입는 사고가 발생했다. 최근 들어 각종 사고가 반복되면서 인명과 재산 피해가 지속되고 있다. 외국에서도 1984년 인도 보팔에 위치한 미국의 다국적 기업(유니언 카바이드)에서 유독가스가 누출되며 전체 50만 명이 넘는 피해자가 발생했다. 즉각적인 사망자만도 수천 명에 달하는데 피해자의 정확한 숫자는 아직까지도 파악되지 않고 있다.

이런 국내외의 사고는 드물게 일어나는 일이므로 지나치게 두려워할 필요는 없다는 견해도 있다. 하지만 곰곰이 따져보면 화학물질로 인한 사고는 드물지 않다. 최근 몇 년 동안 공식적으로 신고된 국내의 화학 사고가 해마다 100여 건을 넘나들고 있다. 신고하지 않은 사고까지 감안하면 어림잡아 하루나 이틀에 한 번은 국내 어디선가 크고 작은 사고가 일어난다고 봐도 무리는 아닐 것이다.

사고로 누출된 화학물질에 의해 심각한 인명 피해가 발생하는 것은 생산 과정에서 그만큼 유해한 화학물질이 많이 사용될 뿐 아니라 이 유해한 화학물질이 우리가 소비하는 최종 생산물에 전체적, 혹은 부분적으로 들어갈 수밖에 없기 때문이다. 일반 시민이 케모포비아가 되는 것은 화학 사고의 탓도 있지만 이 소비 제품 속의 유해화학물질의 탓이 크다.

화학물질에 의한 피해는 즉각적으로 알기 어렵고 인과관계는 흐릿하며 종종 그 가능성만 언급되기 때문에 피해를 입지 않기 위한 방법을 모르는 개인은 걱정과 불안만 키우게 된다. 그러나 세계보건기구WHO에 따르면 최근 유해물질 때문에 발생한 지구 전체 사망자는 연간 600만 명 정도로 추산된다. 이는 눈에 보이는 사고보다 생활화학제품이나 환경오염으로 인한 피해 규모가 훨씬 크고 심각하다는 점을 나타낸다. 생태계 피해도 수많은 개별적 사례가 보고되고 있어 심각성을 실감하게 하지만 전체적인 피해의 규모에 대해서는 어림잡은 통계조차 찾기 힘들다.

유해화학물질이 정작 무엇을 가리키는 것인지는 분명하게 설명하기 쉽지 않다. 국내에서 유해화학물질의 관리를 위한 법적 의미는 화학물질관리법에 정의되어 있으나 일상에서 우리가 알고 싶은 내용과는 거리가 있는 내용이 많다. 여기서는 좀 더 일반적으로 관심을 가질 만한 내용을 중심으로 그 '정체와 역사'를 소개하고자 한다.

우선 유해물질과 유해화학물질을 구분해야 한다. 어떤 물질이든 화학적으로 구성되어 있다는 점을 생각하면 유해물질과 유해화학물질이 꼭 구별될 수 있는 것은 아니다. 하지만 우리가 화학물질이라고 부르는 것은 대체로 쓰임새가 있어 의도적으로 생산된 물질을 의미한다. 유해화학물질은 의도적으로 생산된 화학물질 중 사람과 생태계에 해가 될 수 있는 화학물질을 말한다. 반면 유해물질은 유해화학물질을 포함하며, 일부러 만든 것은 아니지만 뜻하지 않게 생긴 유해한 부산물까지 가리킨다. 일차적으로 독성이 있는 농약은 유해화학물질이며, 자동차 배기가스의 검댕은 유해물질이라 부른다. 따라서 농약은 유해물질이라고 할 수도 있지만 배기가스 검댕은 유해화학물질이라 부르지는 않는다.

쓸모가 있어서 만든 화학물질이 왜 유해화학물질이 되는 것일까? 쓸모가 있더라도 생산과 소비 과정에서 해로운 부작용을 예측하지 못했거나 검증하는 데 소홀했던 탓에 부작용이 생겼다면 유해화학물질이라 불릴 수밖에 없다. 안타깝게도 우리는 지난 수십여 년 동안 화학물질의 유용성만 보고 사용하다가 나중에 밝혀진 심각한 악영향 때문에 큰 충격을 받는 경험을 반복해왔다.

유해화학물질은 화학물질이다. 현대에 사용되고 있는 화학물질의 수를 정확히 알 수는 없지만 전 세계적으로 수십만 종이라고 추정되며 국내에서도 수만 종이 유통되고 있다. 이렇게 많은 종류의 화학물질이 사용되기 시작한 것은 화학물질의 인공적 합성 기술이 발달했기 때문이다. 주로 천연물에 의존하던 시기에서 벗어나 19세기 이후에 본격적으로 시작된 화학물질 합성 기술은 20세기 들어 비약적으로 발전했다. 특히 1940년대에 탄소를 뼈대로 하는 합성유기화학기술은 석유를 출발 물질로 삼아 그 이전에는 없었던 새로운 구조의 화학물질을 다수 생산해냈다.

이 유해화학물질 가운데 가장 대표적인 것이 값싸고 효과적인 농약류 화학물질이다. 이제는 많은 사람들에게 익숙한 DDT를 비롯하여 악명 높은 유기염소계 농약류가 이 시기부터 대량 생산되어 광범위하게 사용되기 시작했다. DDT는 1874년에 처음 만들어졌지만, 1939년 스위스의 화학자 뮐러에 의해 뛰어난 살충 효과가 발견되고 1940년대 중반 이후 대량 생산되었다.

농약을 포함한 유기염소계 화합물(주로 탄소와 염소로 구성된 유기화합물로서 광범위한 종류의 농약과 산업용 화학물질을 포함함)의 사용과 그로 인한 충격적인 피해는 수십 년 전의 일로 이제는 어느 정도 가라앉았지만, 오늘날까지 반복되는 여러 유해화학물질의 사용과 피해 양상을 대표하는 고전적 사례다.

사람들은 당시 새로운 합성 유기염소계 농약을 20여 년 이상 무분별하게 사용하다가 1962년 레이첼 카슨의 저서 《침묵의 봄》을 통해 그 충격적인 악영향을 접하게 되었다. 이미 그 전부터 사람과 생태계에 악영향이 나타나기 시작했음에도 불구하고 사람들은 유기염소계 농약과의 관련성에 별로 주목하지 않았다. 레이첼 카슨의 경고 이후 1970년대 초반에 여러 개발국에서 DDT의 사용이 금지되었지만 전 세계적으로는 아직도 완전히 금지되지 않았다. 우리나라에서는 1979년 사용이 금지되었는데 거의 40년이 지난 2017년 여름, 경북 지역에서 생산된 달걀에서 DDT가 검출돼 사람들을 놀라게 했다.

유기염소계 농약류가 미치는 악영향이 모두 같지는 않지만 공통적으로는 암을 유발시키고, 대부분 환경호르몬의 특성을 가지고 있어서 조산, 유산, 기형아 출산, 정자 감소, 임신 기간과 유아기의 갑상선 기능 이상, 월경 불순, 임신 기간과 산모의 젖 분비 기간의 교란, 이른 젖떼기 등 특히 생식과 관련된 여러 비정상적 증상을 사람에게 유발하는 것으로 밝혀져 있다. 이와 같은 악영향들은 대체로 만성적이며 이상 현상이 몇 년에서 몇 십 년 후에 나타나기 때문에 유기염소계 농약류를 원인으로 지목하기가 어렵다. 더욱이 사람이 중독으로 죽거나 쓰러지는 것처럼 쉽게 눈에 띄는 급성독성은 그 이전에 사용되던 농약(예: 비소계 화합물)보다 약해서 상대적으로 안전한 것으로 여겨졌기 때문에 무분별한 남용은 더욱 광범위하게 이루어졌다.

유기염소계 농약류가 생태계에 미치는 악영향은 정말 심각하다. 사람에게 일으키는 악영향과 비슷한 이상 증상을 일으키며, 특히 수많은 생식 관련 악영향 사례가 실험실과 야생에서 관측되었다. 사실 야생에서 면역력 약화로 인한 질병의 확산, 개체 수의 급격한 감소와 생식 관련 이상 행동 등은 꾸준히 보고되어 왔지만 원인을 알지 못했다. 그러다가 1996년 테오 콜본의 저서 《도둑맞은 미래》에서 제시된 유해화학물질 원인설 이후 그 주장이 과학적 연구를 통해 광범위하게 확인되었다.

하지만 유기염소계 농약류로 인한 피해를 증명하기가 얼마나 어려운지는 새의 알껍질 사례를 보면 알 수 있다. DDT와 분해산물DDE, DDD이 몸속에 축적되면 새, 특히 독수리와 매, 물새 등 육식 조류는 알껍질이 정상보다 10~30% 정도 얇아진다. 이런 알은 깨지기 쉬워서 부화에 이르지 못하기 때문에 다음 세대의 개체 수가 급격히 줄어든다. 보기에는 눈에 띄는 이상이 없는데도 갑자기 개체 수가 줄어들었을 때 그 원인이 알껍질이 얇아졌기 때문이라는 사실을 알아내기는 쉽지 않다. 더구나 그게 DDT와 분해산물 때문이라는 것을 확인하기란 더 어려운 일이다.

유기염소계 농약류 사례에서 볼 수 있듯이 과거에는 사람이 죽거나 중독되어서 쓰러지거나 하는 급성독성이 없으면 괜찮은 것으로 여겨졌다. 그래서 유해화학물질이 사람과 생태계에 미치는 치명적인 악영향을 깨닫는 데 20년 이상이 걸렸으며 70여 년이 지난 지금도 그 후유증에서 자유롭지 못하다. 다른 유해화학물질에 대해서도 비슷한 경험이 반복되고 있다.

산업용 유기염소계 화합물 폴리염화바이페닐PCBs이 대표적인 사례다. PCBs는 화학적 안정성 때문에 1930년경부터 절연유(전기를 주변과 잘 통하지 않게 차단하며 열을 냉각시키기 위해 사용되는 액체 물질)를 비롯하여 전 세계에서 다양한 용도로 엄청난 양이 사용됐다. 처음에는 무해한 것으로 여겨졌으나 30여 년 후인 1960년대에 그 악영향이 본격적으로 확인되면서 1970년대 후반에 세계적으로 사용이 금지됐다. 그러나 뛰어난 화학적 안정성 때문에 아직도 사용 중인 오래된 제품 속에는 여전히 남아 있을 것으로 추정된다.

PCBs는 사람에게 여러 가지 악영향을 미친다. 발암물질이며, 호르몬체계를 교란시키고 성, 골격, 인지능력을 포함하여 정신적 발달을 저하시킨다. 그 밖에도 간, 피부 독성이 있으며 피로감, 두통, 기침을 유발한다. 이러한 유해성은 실험실에서뿐만 아니라 실제 1968년 일본의 유쇼 사건 Yusho●과 1979년 대만의 쌀겨기름 오염사건●에서도 확인됐다. 또한 사용이 금지된 지 거의 30년이 지난 1999년에 벨기에의 닭과 달걀에서 고농도의 PCBs가 검출돼서 장기간의 잔류성과 유해성이 다시 한 번 확인된 바 있다.

PCBs는 유기염소계 화합물이며 암을 일으키고 생식에 악영향을 준다는 점에서 유기염소계 농약류와 비슷하다. 그러나 주목해야 할 공통점이 몇 가지 더 있다. 우선, 처음에는 안전한 물질로 간주되어 광범위하게 사용되었고 30여 년이 지난 후에야 사람과 생태계에 미치는 심각한 악영향으로 사용이 중지되었다는 점이다. 가장 큰 이유는 이들이 가진 주요 독성이 만성적이었

● 유쇼 사건 — 1968년 일본 북규슈 지방의 카네미사가 생산하는 쌀겨기름이 PCBs와 폴리염화디벤조퓨란PCDFs으로 오염되어 이를 먹은 사람들과 가금류가 큰 피해를 입게 된 사건을 말한다. 쌀겨기름 생산 과정에서 가열 매체로 사용된 PCBs가 들어 있는 파이프에 구멍이 생겨 쌀겨기름이 오염됐는데, 이를 먹고 건강 피해를 입은 사람은 대략 14,000명에 이르는 것으로 알려져 있다. 이 중약 500여 명은 사망했으며, 피부와 눈의 상해, 불규칙한 생리, 면역능력 저하 등이 발생했고, 그 밖에도 피로, 두통, 기침 등의 증상이 보고됐다. 또한 어린아이의 경우 인지능력의 저하도 일어난 것으로 알려졌다. 가금류의 경우 호흡곤란이 주요 증세였으며 약 40만 마리의 새가 이 사고로 죽었다.

● 대만 쌀겨기름 사건 — 1979년에 대만에서 발생한 사건으로 유쇼 사건과 거의 똑같은 이유로 일어났으며, 그로 인한 인체 건강 피해의 양상도 아주 비슷했다.

기 때문이다. 즉, 처음에 알고 있던 안전성은 충분하지 않았다는 것이다. 또 하나의 공통점은 이 화합물들의 악영향은 사실 사용 시작 이후 오래지 않아 나타났지만 과학적으로 불확실하다는 이유를 내세운 생산기업들 때문에 몇 십 년 동안 사용 중지가 늦어졌다는 점이다. 사용이 중지된 지 수십 년이 지난 지금도 환경 중에 지속적으로 잔류하면서 악영향을 끼친다는 점도 주목해야 한다.

이렇듯 만성적이지만 치명적인 유해화학물질과 그로 인한 피해 사례는 유기염소계 화합물 외에도 다양하다. 대표적으로 1950년대 일본에서 끔찍한 미나마타병을 일으킨 유기수은, 백혈병을 유발하는 벤젠, 의약품이면서 수많은 기형과 암을 초래한 탈리도마이드와 디에틸스틸베스트롤이 있다. 2000년대 초반까지 전 세계에서 흔히 사용되던 유연휘발유의 납, 발암물질인 줄 모르고 드라이클리닝에 광범위하게 사용되었던 트리클로로에틸렌과 퍼클로로에틸렌, 각종 플라스틱 제품 속에 첨가제로 들어가 있는 환경호르몬 비스페놀-A, 건자재, 자동차, 비행기, 섬유 등과 TV, 컴퓨터, 헤어드라이어 등 가전제품의 플라스틱 케이스에 난연제로 첨가되는 환경호르몬 폴리브롬화디페닐에테르, 가습기 살균제와 같은 살생물제 등 유해화학물질과 뒤늦게 확인된 이들의 만성적 건강 피해 사례는 오늘날 셀 수 없이 많다.

피해가 반복되면서 개발국을 필두로 화학물질 관리체계를 바꾸려는 노력이 나타나기 시작했다. 즉, 화학물질을 시장에 내놓기 전에 충분히 안전성을 확인해야 한다는 사전 예방의 개념이 확산되고 있다. 여기서 '충분히'는 급성독성뿐만 아니라 좀 더 미묘한 장기적 영향을 포함해 만성으로 건강에 영향을 미치는 점도 다양하게 검토되어야 한다는 것이다. 그것도 반드시 사전에. 악영향을 미리 파악하지 못한 채 사용하다가 돌이킬 수 없는 피해가 생겨야만 화학물질을 금지하는 일은 이제 막아야 한다. 이러한 공감대가 형성되면서 피해가 발생하기 전에 막기 위해 조심하자는 원리인 사전주의 원리가 자리를 잡고 있다.

이런 추세를 고려하면 앞으로는 화학물질이 미치는 즉각적인 악영향을 걱정할 필요는 점점 줄어들 것이다. 대신 낮은 농도에 장기간 노출이 되면서 생기는 좀 더 미묘한 (그러나 여전히 치명적일 수 있는) 건강 영향에 대해 더 조심해야 할 것이다. 즉, 유해화학물질에 대한 경각심을 가져야 한다는 말에 '쓸데없는 걱정'이라는 태도로 응하는 것은 현대사회에서 일상적으로 사용되는 화학물질의 보편적 유해 특성을 생각하면 매우 위험한 결과를 가져올 수 있다.

2차 세계대전 이후 합성 유기화학의 발전은 우리의 일상생활을 크게 바꾸었다. 앞서 유기염소계 화합물을 대표적 유해화학물질의 예로 들었지만 그것은 극히 일부에 불과하다. 그 이후 새롭게 개발, 사용되는 합성화학물질의 종류는 셀 수 없을 만큼 많으며 농약을 비롯하여 그 양도 빠르게 증가했다. 〈그림1〉의 전 세계 농약 생산량을 예로 들면 2015년 생산량은 기준 연도인 1970년의 총 7배(1970년 생산량 + 1970년 생산량의 6배)로 늘어났다. 이렇듯 다양한 유해화학물질은 생존과 생활에 필요한 수많은 물질과 제품의 재료 혹은 첨가제로 우리 곁에 머물고 우리의 몸속으로 들어간다. 식량의 생산에 사용되는 농약, 질병의 치료에 필요한 의약품, 먹을거리 속의 방부제, 발색제, 향료, 의복 재료인 합성섬유, 가히 거의 모든 것의 재료라 할 수 있는 플라스틱, 플라스틱 속의 각종 첨가제 등 하나하나 나열하기도 불가능하다. 심지어 영수증 속에도 비스페놀-A라는 환경호르몬이 들어 있어서 그 건강 영향에 대한 논란이 일고 있다.

스위스의 화학자 폴 뮐러는 DDT의 효능을 발견한 공로로 1948년

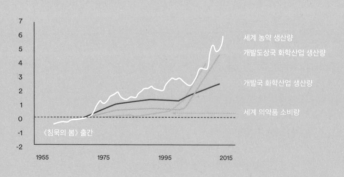

<그림 1> 농약과 합성화학물질의 전 세계 생산량 증가 추세 (기준 연도: 1970년)
(출처: E. S. Bernhardt, E. J. Rosi, M. O. Gessner, Frontiers of Ecology and Environment, 24 January 2017.)

노벨상을 받았으나 25년 후 DDT는 더 이상 사용해서는 안 되는 유해 화학물질로 확인되고 사용이 중지되었다. 미국의 토마스 미드글리는 1987년 오존층 파괴 물질로 확인돼 사용이 금지된 프레온가스(유기염소계 화합물)를 생산해서 1940년대 초반 당대 최고의 상을 여러 개 받았다. 이는 역설적으로 화학물질의 안전성에 대한 인간의 단견을 상징적으로 보여주는 사례가 돼버렸다.

수많은 화학물질에 둘러싸여 있어도 당장은 아프거나 쓰러지지 않을 수 있다. 그러나 지금 영향이 느껴지지 않는다고 우리를 둘러싼 화학물질을 안전하다 믿어버리고 작은 신호들을 무시한다면 몸에 조금씩 쌓인 유해화학물질 때문에 언젠가 쓰러질지도 모를 일이다.

이에 지속가능하고 건강한 우리의 삶과 사회를 위하여 화학물질에 관련된 작은 지식을 모아 이 책을 내었다.

이 책에 실린 대부분의 글은 〈한겨레〉 웹진 '물바람숲'에 지난 4년간 기고했던 글들이다. 이 책이 나오기까지 도와주신 〈한겨레〉와 글을 공유하고 귀한 의견을 주신 환경과 공해연구회의 모든 운영위원께 감사드린다. 마지막으로 이 글들이 '물바람숲'에 실릴 수 있도록 다듬어주신 조홍섭 환경전문기자와 책을 꼼꼼하게 편집해주신 이미아 씨, 한겨레출판사 편집부에 감사의 마음을 전한다.

1장

매일매일 '먹고 마시고 만지는' 유해화학물질

동네 마트 진열장은 유해화학물질 전시장

우리가 일상생활에서 사용하는 화학물질을 하나하나 나열하자면 끝이 없다. 음식이 쉽게 상하지 않도록, 맛있게 느끼도록 혹은 그렇게 보이도록 더해지는 무수히 많은 식품첨가물, 새로 지은 집의 내장재, 편리한 플라스틱 용기와 랩, 아이들 젖병, 장난감, 가전제품, 소파, 침대 등에 들어 있다는 환경호르몬, 찌든 때, 기름때, 더러운 변기 등을 청소할 때 사용하는 주방과 화장실, 욕실용 세제, 화장품, 샴푸, 화장실이나 자동차 내부의 악취 제거를 위한 방향제, 모기약과 해충 박멸제, 살균제, 음식이 눌어붙지 않게 만드는 프라이팬 바닥 코팅, 늘 입는 옷과 매일 챙겨 먹는 건강보조제 등 의식주를 위한 거의 모든 것 안에 화학물질이 들어 있다.

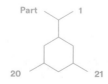

큰 마트에 진열되어 있는 상품들의 상표를 살펴보면서 화학물질이 들어 있는 것을 찾다 보니 두어 시간에 수백 개의 상품을 찾은 적이 있다. 만약 화학물질만을 투시할 수 있는 장비가 있다면 마트는 거대한 화학약품 진열장과 구분이 되지 않을 것 같았다.

화학물질은 우리의 오감을 즐겁게 하고, 우리를 편하게 해주며, 반드시 필요한 기능을 가지고 있기도 하다. 따라서 우리는 매일 많은 화학물질을 사용하고 원하든 원하지 않든 이들을 섭취할 수밖에 없다. 2005~2014년 사이의 미국 질병관리센터CDC 조사 보고서[1]에 따르면 영·유아 포함 모든 연령대의 미국인 몸속에서 총 650여 종 이상의 화학물질이 검출되었다. 이런 자료를 볼 때마다 걱정된다. 이렇게 많은 화학물질을 사용하고 섭취해도 괜찮은 것인가? 이런 걱정은 드물지 않게 발생하는 화학물질 사고와 그 피해 사례를 접하면 더욱 커진다. 우리나라만 해도 2011년 가습기 살균제 때문에 태어난 지 얼마 안 되는 아기를 포함하여 1,000명이 넘는 사상자가 발생하는 어처구니없는 참사가 일어났다. 최근에도 치약에 발암물질이 들어 있다거나 서울 시내 어린이집과 유치원에서 환경호르몬인 디에틸헥실프탈레이트의 실내 먼지 중 농도가 미국보다 열 배 이상 높았다는 뉴스가 계속되고 있다. 이런 사고와 뉴스를 접하면 화학물질이 건강에 미치는 영향에 대한 관심이 커지면서 전문가들의 조언에 귀를 기울이고 그들이 제안하는 나름의 답도 찾아보게 된다. 그런데 전문가들의 조언이나 답을 보면 같은 사안에 대해서도 "유해하다", "그렇지 않다" 등 의견이 엇갈리거나 애매해서 걱정이 해소되기는커녕 어떻게 대처해야 할지 더 난감해지는 경우가 많다.

이런 궁금증을 간결하고 명쾌하게 풀어줄 방법이 없는 것은 당연하다. 화학물질이 건강에 미치는 영향에 대한 지식 자체가 부족하기 때문이다. 화학물질이 건강에 어떤 영향을 미치는지를 알려면 두 가지 사항을 동시에 확인해야 한다. 화학물질의 유해성과 노출량이다. 즉, 아무리 유해하더라도 그 물질에 전혀 노출되지 않는다면 건강에 미치는 영향은 없다. 하지만 유해성이 크지 않아도 많이 노출되면 건강에 미칠 영향을 걱정해야 한다. 그런데 기대와 달리 매일매일 사용하는 수많은 화학물질 가운데 이 두 가지 모두를 확인할 수 있는 지식이 축적되어 있는 경우는 극히 드물다. 장기간에 걸쳐 천천히 나타나는 만성적 위해성에 관한 지식은 특히 더 부족하다. 또한 개별 물질들의 독성은 어느 정도 알아도 그 물질 여럿이 섞이면 얼마나 유해한지에 대해서는 잘 모른다.

노출의 양도 정확하게 알기 어렵다. 우리가 일상생활에서 장기간 어떤 물질에 얼마나 많이 노출될지를 정확하게 계산하기란 쉽지 않다. 규

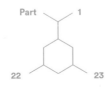

제가 되는 유해화학물질이더라도 대개는 개별 제품별로 허용 함량이 정해져 있다. 따라서 그 물질을 함유한 다른 제품을 함께 사용한다면 총 노출량이 증가하여 개별적으로 정해놓은 허용량이 무의미하다.

우리는 대부분 다수의 만성독성 물질에 미량으로 장기간 노출될 수밖에 없는 환경에서 살고 있다. 따라서 가습기 살균제 참사처럼 당장 생기는 문제도 걱정이지만, 나중에 자신이나 자식들에게 무슨 문제가 생기는 것은 아닐까 하는 걱정을 할 수밖에 없다.

이러한 걱정은 불완전한 위해성 지식이나마 일반인들에게 제대로 전달되지 않기 때문에 더 커진다. 우선, 상품에 어떤 화학물질들이 포함되어 있는지 충실하게 표시되어 있지 않다. 일부 물질만 표시되어 있거나, 구체적인 화학물질명이 아니라 뭉뚱그려서 일반적 이름으로 표시되는 경우가 다반사다. 또한 표시된 화학물질명도 낯설고 어렵다. 이는 유해성을 직접 알아보고 싶어 하는 소비자들에게는 높은 걸림돌이다. 알아봐야 할 물질들의 수가 많아지면 그 이름들만으로도 암호문 수준이다. 겨우 이 벽을 넘어서 유해성 설명 자료에 도달하더라도 이해하기 어렵고 와 닿지 않는 설명이 기다리기 일쑤다.

전문가들도 답을 주지 않고 스스로 알아내기도 어려우니 결국 소비자들은 무언가를 판단하고 결정할 수가 없다. 이럴 때 시민들이 할 수 있는 일은 앞에서 말한 '노출'을 줄이는 것이다. 이미 사용하고 있는 화학물질의 '유해성'에 대해서는 당장 할 수 있는 일이 별로 없기 때문이다. (사실 화학물질의 악영향을 최소화하기 위해서는 정부와 기업이 해야 할 일이 있고, 시민들의 역할이 있지만 이에 대해서는 별도로 논의할 필요가 있다.)

문제는 '노출'을 줄일 수 있는 뾰족하고 명쾌한 방법이 없어 보인다는 점이다. 한두 개도 아니고 수백 개가 넘는 화학물질들에 둘러싸여 있는 현실에서는 화학물질 전문가조차 자신의 일상에서 물질 하나하나를 따져가며 '정교하고 과학적으로' 노출을 줄이는 것은 불가능하다. 따라서 기억하기 쉽고 실천할 수 있는 일반적인 지침을 만들어 지켜나가는 것이 더 현실적이다. 비록 이 지침들이 모든 문제를 예방하거나 해결할 수는 없겠지만, 분명한 사실은 모르는 게 약이 될 수는 없으며 조금이라도 아는 게 힘이라는 것이다.

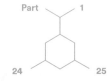

일상에서
유해화학물질 노출 줄이기

현대사회에서 유해화학물질을 완벽하게 차단하는 만병통치약 같은 방법은 없다. 다만 노출을 줄일 수는 있다. 완벽하진 않지만 현실적이고 실천하기 쉬운 일반적 지침을 소개한다.

● 실내 공기(특히 대형 TV, 컴퓨터 등 모니터가 있는 공간)를 주기적으로 환기시킨다

가전제품이 건강에 미치는 영향은 전자파만이 문제는 아니다. 대형 TV와 컴퓨터 모니터, 전기밥솥, 헤어드라이어 등 온도가 어느 정도 이상 올라가는 가전제품 중 본체의 일부라도 재질이 플라스틱으로 되어 있는 기기가 있는 공간은 사용 중 환기를 부지런히 시켜야 한다. 온도 상승 시 화재 발생을 줄이기 위한 용도로 플라스틱에 섞는 방염제 때문이다. 다수의 방염제들은 환경호르몬이나 발암물질이며 기기의 온도 상승에 따라 점점 더 빨리 휘발되어 실내 공기를 오염시킨다. 또한 물성에 따라 공기 중의 먼지에 달라붙기도 하므로 환기와 더불어 먼지를 잘 청소하는 것 또한 중요하다.

● 음식 조리 시 주방 환풍기를 켠다

음식물을 데우고 끓이고 굽고 볶는 과정에서 원래 식재료에 포함되어 있는 물질뿐만 아니라 열적, 화학적 반응물이 새롭게 만들어지는데 이 물질 중 일부는 유해화학물질이다. 이 물질들이 증발하거나 연기 속에 섞여서 주방의 공기를 오염시킨다. 이는 가정주부의 폐암과 폐질환 발병의 원인으로 지목되기도 한다. 요즘에는 가정에도 가스레인지 윗부분에 환풍기가 설치되어 있으니 환기를 위해 이를 적극적으로 활용하자.

● 냄새나기 쉬운 공간(주방, 욕실, 화장실, 세탁실, 신발장, 옷장, 자동차)의 악취 제거를 위한 방향제 사용을 최소화하고 사용했다면 꼭 환기한다

냄새나는 물건을 보관하거나 습기가 많고 환기가 잘되지 않는 공간은 불쾌한 냄새가 나기 쉽다. 이 냄새를 완전히 제거하기가 어렵기 때문에 가장 간편하게 다른 냄새로 가리고 덮는 방법을 사용한다. 요즘은 이런 용도로 사용하는 방향제가 다양하게 나와 있는데, 제품 중 방향의 기능을 하는 화학물질이나 기본이 되는 재료가 건강에 악영향을 끼치는 경우가 종종 있다. 예를 들면 옷을 잘 보존하고 동시에 불쾌한 냄새를 제거하기 위해 옷장이나 화장실 변기에 넣어 사용했던 나프탈렌은 유해물질 중 하나다. 다행히 나프탈렌은 늦게나마 악영향이 알려졌지만, 최근 들어 합성물질의 종류가 급증하여 어떤 물질이 사용되고 있는지, 그것들이 어떤 영향을 미치는지 알 수 없는 경우가 허다하다. 화학물질에 대해 잘 모를 때는 돌다리도 두드려보고 건너는 것이 현명한 태도다. 따라서 방향제 사용을 최소화하고, 사용했다면 꼭 환기를 하는 것이 좋다.

● 가능한 한 천연섬유로 만든 속옷과 잠옷을 입고,
　요와 이불, 침대보 등 침구류도 천연섬유 재질을 사용한다

천연섬유로 만든 옷이나 천도 유해물질로부터 완전히 안전하다는 보장은 없다. 그러나 합성섬유로 만든 옷이나 침구류에 더 많은 유해화학물질이 함유되어 있을 가능성이 크고 실제로 여러 물질들이 검출되고 있다. 특히 속옷과 잠옷, 이불, 침대보는 우리 피부와 직접 접촉을 하므로 섬유 속의 유해물질이 피부에, 혹은 피부를 통해 체내로 유입될 가능성이 크다. 가능한 한 천연섬유를 사용하자.

● 세제(빨래, 주방, 욕실, 화장실)와 샴푸, 각종 화장품, 염색약, 제모제, 향수 등 위생과 꾸밈을 위한 개인 용품의 사용을 가능한 한 자제한다

　다양한 용도의 세제와 샴푸, 각종 개인 위생용품과 화장품에 함유된 화학물질의 수도 헤아릴 수 없을 만큼 많으며, 그중 유해한 것으로 잘 알려져 있는 것도 많다. 예를 들면 빨래용 세제나 섬유유연제 그리고 머리 염색약에 함유된 화학 성분이 일으키는 각종 부작용은 비교적 널리 알려져 있다. 최근 향수에 함유된 합성 머스크가 발암을 일으키는 등 악영향이 있는 것으로 밝혀져 크게 주목을 받고 있다. 그러나 걸핏하면 기업 비밀이라는 이유로 제품의 성분들을 공개하지 않기 때문에 어떤 화학물질이 들어 있는지 투명하게 알지 못한다. 뿐만 아니라 성분이 일부 공개되어 있어도 그 물질이 얼마나 들어 있는지 또 얼마나 유해한지는 잘 모르는 경우가 많다.

　또 한 가지 주목해야 할 것은 우리가 사용하는 물건에 함유된 화학물질이 하수를 통해서 강이나 하천으로 흘러들어가고, 그로 인해 하천 생태계의 생물에게 여러 악영향을 미치고 있다는 점이다. 생태계에 영향을 미친다는 사실만으로도 최대한 막아야 할 일이지만 매우 낮은 농도임에도 하천 생태계 생물에게 영향을 주는 화학물질이라면, 그보다 훨씬 높은 농도에 직접 노출되는 사람에게는 얼마나 위험할까를 생각하면 그 잠재적 위해성에 유의해야 한다.

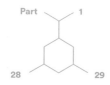

남자나 여자나 외모를 가꾸는 일이 자연스러운 사회지만 건강한 몸에서 외모가 더 빛을 발할 수 있음을 생각한다면 가능한 한 사용을 줄이는 것이 좋다.

● 모기약(향, 매트, 액체식 등), 살충제, 살균제, 물티슈 등의 사용도 최대한 줄인다

모기약과 살충제, 살균제 안에는 자연계의 생물을 죽이기 위한 화학물질인 살생물질이 함유되어 있다. 살생물질은 노출량이나 노출 부위와 방식에 따라 사람의 건강에도 악영향을 줄 수밖에 없는 잠재력을 내포하고 있는 것들이다. 정부에서 알아서 검사하고 판매를 허가했겠지 하는 막연한 믿음과 방심은 절대 금물이다. 독성에 관해 밝혀진 사실이 적은 것은 정부도 당장 어찌할 수 없지만 관리제도 또한 완벽과는 거리가 멀다. 이런 상황에서 최선은 소비자 스스로 신중하게 사용하고 노출을 최소화하기 위해 신경 쓰는 것이다.

● 임산부나 유아, 아동은 더 신경 써야 한다

태아와 어린아이는 화학물질의 영향을 훨씬 더 민감하고 심각하게 받는다. 화학물질에 견딜 수 있는 힘이 미약할뿐더러 신체 발달이 계속 진행되기 때문이다. 어렸을 때는 조금 잘못된 부분이 커가면서 계속 증폭될 수 있다. 처음에 살짝 빗나간 골프공이 먼 거리로 날아간 뒤에는

목표 지점과 매우 먼 곳에 떨어지는 것과 비슷한 이치다. 화학물질에 의한 위해 가능성이 의심되는 상황에서는 불확실한 경우라 하더라도 임산부와 유아, 아동은 살얼음 위를 걷듯이 조심조심 또 조심하는 것이 바람직하다.

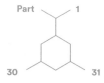

입이 반기는 음식, 몸도 좋아할까

유해물질은 호흡, 피부, 입 등 여러 경로를 통해 우리 몸으로 들어온다. 그중 음식에 함유되어 입을 통해 들어오는 비중이 가장 크다. 예를 들어 우리 몸에 들어오는 다이옥신은 80~90%가 음식을 통한다. 따라서 유해물질에 대한 노출을 줄이기 위해서는 무엇을 먹고 무엇을 먹지 않는 것이 좋을지 생각해봐야 한다.

● 인스턴트 식품의 섭취를 자제한다

인스턴트 식품은 영양 측면에서도 추천하지 않지만 오래 보존하거나 싱싱한 식재료의 맛을 흉내 내기 위해, 혹은 신선하지 않거나 질이 나쁜 재료의 맛과 색을 가리기 위해 첨가하는 화학물질의 수와 양이 많을 가능성이 있다. 입이 반긴다 하더라도 이러한 식품의 섭취는 줄이는 것이 당연하다.

● 기름기가 많은 음식의 섭취를 자제한다

잘 알려진 것처럼 기름기가 많은 음식은 비만과 고혈압 등 성인병의 원인이 될 수 있다. 그뿐만 아니라 지방질에는 화학물질이 농축될 가능성이 크다. 특히 요즘 문제가 되는 다수의 환경호르몬이나 발암물질(플라스틱 가소제, 농약류, 다이옥신류 등)은 물에는 잘 녹지 않고 지방과는 친하기 때문에 동물의 체내로 들어가면 지방세포에 더 많이 축적된다. 고기를 먹을 때 순수한 기름 덩어리를 좋아하는 사람은 별로 없지만, 지방 성분이 적당히 풍부한 부위는 입맛을 당기기 때문에 많은 이들이 좋아한다. 퍽퍽한 닭 가슴살보다는 닭 다리, 돼지 삼겹살, 마블링이 많은 1등급 소고기 스테이크, 고기와 치즈가 듬뿍 올라간 피자를 더 좋아한다. 우리 몸에 들어온 유해물질은 몸속에서도 역시 지방이 풍부한 조직에 축적된다. 원래 몸 안의 노폐물은 물이 주성분인 땀과 소변을 통해 배출되는데 물에 녹지 않으니 배출이 더디고 몸 안에 계속 쌓이며 몸에 장기적으로 악영향을 끼친다.

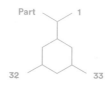

  채소와 과일에 남아 있는 농약 때문에 잘 씻어 먹어야 한다는 것은 익히 알고 있는 사실이다. 정부에서 나름 노력을 하고 있지만 종종 잔류 기준치를 넘는 농약이 검출되었다는 뉴스를 접하면 소비자는 불안할 수밖에 없다. 게다가 물에 잘 녹는 농약은 물로 씻으면 되지만 물에 잘 녹지 않는 것들은 씻어내기가 어렵다. 우리가 먹는 채소와 과일에 사용되는 농약 또한 종류가 매우 많아서 물에 잘 씻기는 것인지 아닌지 일일이 구분하기가 어렵다. 농약뿐만 아니라 사과 같은 과일에는 윤기를 더하기 위해 왁스를 칠하기도 하는데 왁스는 물로 씻어내기 쉽지 않다. 식초나 베이킹소다 등을 탄 물에 담가두었다 씻는 방법도 소개되고 있지만 어떤 종류의 농약 세척에 효과가 있는지 알기 어려운 것이 사실이다. 농약 성분을 최대한 줄일 수 있는 방법을 소개하자면, 찬물보다는 따뜻한 물로 씻는 것이 낫고, 잘 알려진 것처럼 되도록 껍질을 벗겨서 먹는 것이 좋다.

● 색이 선명한 가공식품의 섭취를 줄인다

  화려한 색깔의 가공식품은 피하는 것이 좋다. 특히 색이 자연스럽지 않게 선명한 것은 인공색소를 첨가했기 때문일 가능성이 크다. 많은 인공색소들은 나름의 절차를 거쳐 정부에서 사용을 공인한 것이며 당장

해로움을 유발하지는 않지만, 앞에서 언급한 것처럼 장기간에 걸쳐 나타날 수 있는 영향이나 체내에서 여러 종류가 섞일 경우 어떤 영향을 미칠지 알 수 없으므로 가능한 한 섭취를 줄이는 것이 바람직하다.

● 음식물의 탄 부분을 먹지 않는다

육류, 생선, 김, 참기름 등 굽거나 볶은 음식은 맛있다. 하지만 전혀 태우지 않고 굽거나 볶기는 어렵다. 특히 고기나 생선을 구울 때는 가장자리가 아주 까맣게 타기도 한다. 이렇게 탄 부위에는 발암물질이 섞여 있다. 본래 있던 것이 아니라 타는 과정에서 발생하는 것이다. 까맣게 탄 부위를 얼마만큼 먹으면 암이 발병하는지는 정확히 예측하기 어렵다. 타는 조건과 태운 정도도 그때그때 달라서 발암물질의 생성 정도도 다르고, 또 먹는 이의 건강 상태나 항암 능력도 다르기 때문이다. 따라서 가능하면 먹지 않는 것이 방법이다.

● 수입 농산물은 덜 먹는다

수입 농산물은 장기간의 수송과 보관을 위해 살충과 방부 기능을 가진 농약을 대량으로 사용한다. 그동안에도 여러 차례 농약이 적발되었으며, 지난 11월에도 수입 바나나에서 기준 이상의 농약이 검출되어 문제가 된 적이 있다. 수입 농산물은 가능한 한 덜 먹는 것이 좋고 혹시 먹게 된다면 껍질을 꼭 벗겨서 먹자.

● 물과 음료, 젖어 있거나 기름기가 많은 음식은 플라스틱 용기에 담지 않으며
　조리 과정에서 일회용품과 플라스틱 도구의 사용을 자제한다

　용기를 포함한 각종 플라스틱 제품에는 가소제를 포함해 첨가제, 혹은 재료의 일부로 환경호르몬이거나 환경호르몬으로 의심되는 화학물질들이 들어 있다. 대표적으로 어린이 장난감이나 젖병 등의 말랑말랑한 PVC 제품들, 냉온수기에 거꾸로 꽂혀 있는 플라스틱 생수통, 김밥이나 온갖 식재료를 담는 네모난 스티로폼 접시 등 주변에서 흔히 볼 수 있는 것들이 여기에 포함된다. 화학물질은 물성에 따라 물이나 기름에 녹기 때문에 액체나 젖은 음식, 기름기가 많은 음식을 플라스틱 제품에 담으면 음료나 음식 속으로 침출되어 들어간다. 특히 뜨거운 음식이 플라스틱과 접촉하면 그 침출 속도도 증가한다. 플라스틱 제품에는 불순물인 중금속도 함유되어 있다. 따라서 음식물은 플라스틱 용기에 담지 말고 식재료를 준비하거나 음식을 만들 때 플라스틱 도구를 사용하지 않도록 습관화하자.

가공육,
담배만큼 나쁠까

세계보건기구 내 국제암연구소IARC는 가공육을 1급 발암물질로, 소, 돼지, 양 등 붉은 고기는 2A급 발암물질로 분류하고 있다. 이 발표는 다양한 반응을 불러일으켰다. 예상대로 육류업계는 거세게 반발하며 과학적 근거가 충분하지 않다는 반론을 펴고 있다. 소비자의 반응은 좀 더 다양하지만 어떻게 고기나 소시지가 같은 1급 발암물질인 담배만큼 해로울 수 있는지, 또는 국제암연구소의 발암물질 목록에는 커피도 있다고 하는데 이 발표를 믿을 수 있는지 의문을 제기한다.

국제암연구소 외에도 미국 정부 및 산업위생전문가회의, 유럽연합, 미국 환경보호청, 미국 보건복지부 산하의 국립독성학프로그램 등 암의 등급을 평가하는 공신력 있는 기관이 여럿 있다. 기관마다 분류 방식은 다소 다르지만 크게 보면 일맥상통하는 점이 있다. 아쉽게도 우리나라에는 아직 공인된 분류 체계가 없다.

붉은 고기와 가공육을 발암물질로 선언한 국제암연구소에서는 후보물질 혹은 인자의 발암성 평가를 위하여 1) 인간 발암 가능성에 대한 역학조사 결과 2) 동물 발암성 연구 자료 3) 발암 원인 연구 자료 등을 분석한다. 각 분야별로 여러 나라에서 모인 전문가 15~30명으로 구성된 평가 모임을 만들고, 그들의 평가 결과를 검토한 후 전체 회의의 종합 평가를 거쳐 결론을 내린다. 한 가지 중요한 점은, 이 평가에 참여하는 전문가들은 평가 결과와 이해관계가 없어야 한다는 것이다. 이러한 평가 과정을 통해 국제암연구소에서는 발암성을 〈표 1〉과 같이 다섯 가지 등급으로 나눈다.

먼저, 인체 발암에 대한 역학 연구 자료가 충분하다면 동물 실험 자료와 무관하게 1급이다. 인체 역학 연구 자료는 부족하지만 동물 실험 자료가 충분히 발암성을 보여준다면 2A급, 그리고 인체 역학 연구 자료는 부족하고 발암성을 보여주는 동물 실험 자료가 있지만 결론을 내리기는 부족하다면 2B급으로 분류한다. 3급은 아직 자료가 없거나 부족하여 현재로서는 평가를 할 수 없는 물질이며, 4급은 발암성이 없을 것으로 추정되는 물질을 말한다.

등급	기준	해당 물질/인자의 수
1급(Group 1)	인체 발암성 물질 (Carcinogenic to Humans)	120
2A급(Group 2A)	인체 발암성 우려물질 (Probably Carcinogenic to Humans)	82
2B급(Group 2B)	인체 발암성 가능물질 (Possibly Carcinogenic to Humans)	311
3급(Group 3)	인체 발암성 여부 미분류물질 (Not Classifiable as to Carcinogenicity to Humans)	499
4급(Group 4)	인체 비발암성 추정물질 (Probably Not Carcinogenic to Humans)	1

〈표 1〉 국제암연구소의 발암성 등급(2018년)

이 분류에 따르면 1급 발암물질은 사람에게 확실한 영향을 미치는 발암물질이고, 2급 발암물질은 사람에게 암을 일으킬 가능성이 있지만 그 가능성의 무게에 따라 A와 B로 나뉜다. 흔히 1급과 2급에 해당하는 물질을 통칭하여 발암물질이라고 부른다.

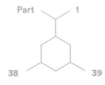

2018년까지 국제암연구소에서 지정한 1급 발암물질은 총 120개이고 2A와 2B급 물질은 각각 82개, 311개다. 반면 사람에게 발암물질이 아니라고 추정된 4급 물질은 1개이고 3급인 판단 불가 물질이 499개라고 밝히고 있다. 따라서 이 가운데 사람에게든 동물에게든 확실한 발암물질(인자)이라고 부를 수 있는 것은 현재 1급과 2급을 모두 합쳐 513개인 셈이다.

　　세계적으로 사용되는 화학물질이 수십만 개가 넘는데도, 국제암연구소에서 그동안 평가해 결과를 발표한 물질은 1,000개 정도에 불과하다. 그나마 그중 절반가량은 발암 여부를 판단하지 못하는 것을 보면 우리가 사용하는 물질들의 발암 가능성에 대해 얼마나 무지한지 새삼 느끼게 된다.

　　이번 국제암연구소의 평가에서는 가공육이나 붉은 고기 섭취량이 늘면 (다른 암도 있지만) 결장·직장암 발병이 증가한다는 관찰 결과가 중요한 판단 근거로 사용되었다. 가공육 50g 또는 붉은 고기 100g을 매일 먹는다면 암의 발병 위험이 각각 18%, 17% 더 늘어난다는 평가 결과였다.

　　더불어 왜 고기가 암을 일으키는지를 밝히는 연구 결과도 있다. 고기의 가공 과정에서 1~2급 발암물질이 다수 포함된 NOC류(엔-니트로소 화합물)와 PAH류(다환 방향족 탄화수소)가 생성된다. NOC류는 고기의 단백질이 위 속에서 위산과 반응하여 만들어질 수 있다고도 밝혀져 있다. 또한 고기를 고온에서 굽거나 튀기면 타면서 다수의 발암물질이 만들어지는데 대표적으로 PAH류와 2A급, 또는 2B급 발암물질인 HAA류(이종 고리 방향족 아민)가 알려져 있다.

요즘은 고기의 탄 부분이 암을 일으킨다는 것이 거의 상식이 된 듯해 무척 다행이지만, 가공육은 우리가 조리하기 전에 이미 발암물질이 들어 있을 수 있기 때문에 피하기가 더 어렵다.

많은 사람들이 고기를 당연하게 먹어왔기 때문에 관련 업계와 소비자의 민감한 반응은 이해가 된다. 하지만 우리의 건강을 위해서 이 발표의 내용을 더 냉정하고 더 정확하게 바라보아야 한다.

첫째, 발암 등급은 위험도의 크기가 아니라 발암 여부의 과학적 근거가 얼마나 충분한지를 나타내주는 결과다. 즉, 발암성 등급을 부여하는 것 자체가 과학적 증거가 얼마나 충분한지를 평가하는 과정이라고 볼 수 있고, 그에 따라 1급과 2A급으로 분류된 것이다.

둘째, 평가 결과는 과학적 내용을 근거로 하지만 그 성격이 1 더하기 1은 2가 되는 것처럼 누구에게나 명백하고 이의 제기가 없는 것과는 다르다. 복잡하고 다양한, 심지어는 서로 상반되는 결과들을 종합적으로 검토하여 과학자들이 '합의'하여 내놓은 결과다. 따라서 이해관계자는

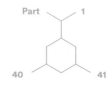

물론이고 직접적인 이해관계가 없더라도 평가 결과와는 다른 판단을 하는 전문가가 있을 수 있다. 이러한 특성을 감안한다면, 국제암연구소의 평가 결과는 절대적이라기보다 현재 내릴 수 있는 최선의 결론에 가깝다고 보는 것이 타당하다.

또한 국제암연구소의 평가는 암에 관한 것일 뿐, 어떤 물질이 가진 모든 종류의 유해성에 관한 것이 아니다. 따라서 고기, 커피, 담배가 비슷하게 유해하다는 것이 아니라 암을 일으킬 수 있다는 면에서 공통점이 있다는 것이다. 그러나 체급이 같은 권투 선수들 사이에서도 강자와 약자가 있듯이 같은 등급의 발암물질이라 하더라도 더 센 것이 있고 약한 것이 있다. (상세한 발암 특성은 국제암연구소의 물질별 논문집monographs 에 설명되어 있다.) 즉, 발암 등급 자체는 발암 여부의 확실성 정도만을 나타내는 간단한 지표이므로 그 이상의 내용에 대해 짐작하거나 단정하면 안 된다.

앞에서 말했듯이 가공육이나 붉은 고기가 암을 일으킨다는 평가 결과를 과학적인 측면에서 반론할 여지도 물론 있다. 또한 소비자의 입장에서도 육류의 영양과 맛 등을 고려하면 이 평가 결과를 크게 신경 쓰지 않을 수도 있다. 게다가 담배를 피운다고 모두 폐암에 걸리는 것이 아니듯 이들을 섭취한다고 반드시 암에 걸린다는 뜻도 아니다. 하지만 가공육이나 붉은 고기의 섭취를 줄이면 결장암이나 직장암 등의 발병 확률이 줄어들 것이라고 보는 것이 그 반대를 믿는 것보다는 훨씬 과학적이고 합리적인 자세임에는 틀림없다.

미세 플라스틱 속의
유해화학물질

2018년 9월 5일 미국의 비영리 언론기관 오브 미디어 Orb Media는 미네소타대학교 공중보건대학과의 공동 조사를 통해 미국과 유럽, 아시아 등의 14개 나라 수돗물 샘플 159개 중 83%에서 미세 플라스틱microplastics*이 검출됐다고 밝혔다.[2] 미세 플라스틱의 잠재적 위해에 대해서는 그동안 간간이 뉴스에서 다루어졌는데 대부분 해양 생태계의 오염에 관한 것이었다. 최근에는 하천수도 미세 플라스틱에 오염된 것으로 밝혀지더니[3] 급기야 매일 마시는 수돗물의 오염까지 확인되

● 미세 플라스틱 ― 환경 중에 존재하는, 대체로 5㎜ 이하의 플라스틱 조각을 가리킨다. 이들의 배출원은 크게 1차와 2차로 나뉜다. 1차 배출원은 화장품이나 비누, 치약 등 몸의 각질을 벗겨내기 위한 미세 알갱이이거나 사업장에서 페인트나 녹을 벗겨내기 위한 연마제 등으로 처음부터 의도적으로 작게 만들어지는 것이다. 2차는 타이어나 신발, 합성섬유, 페인트 등 큰 플라스틱 제품들이 마모되거나 분해되면서 미세한 플라스틱 입자를 만들어내는 것이다. 덴마크의 한 연구에 따르면[4] 아직 불확실하지만 두 번째 배출원의 기여도가 훨씬 큰 것으로 추정되고 있다.

어 충격이 크다. 이어서 환경부는 일부 국내의 수돗물 정수장에서 정수 과정을 거친 물속에 미세 플라스틱이 들어 있다는 사실을 확인하였다.

환경에 어느 정도 관심이 있다면 그동안 엄청난 양의 플라스틱 쓰레기가 바다로 흘러들어가 그 조각을 먹은 물고기, 거북, 새 등 바다 생물이 죽거나 심한 부상과 질병에 시달린다는 사실을 알고 있을 것이다. 크고 작은 플라스틱 조각이 가득 차 있는 바다 생물의 사체 사진도 심심치 않게 접할 수 있다. 이런 사진이 충격적이지만 플라스틱 조각을 먹을 일이 없어 보이는 인간의 문제로 바로 직결되지는 않는다. 하지만 눈에 보이는 크기의 플라스틱 조각과는 달리 눈에 보이지 않는 크기의 미세 플라스틱이라면 문제가 달라진다. 작은 크기 때문에 생태계뿐만 아니라 사람에게도 직접적인 문제를 일으킬 수 있기 때문이다.

미세 플라스틱은 크기가 매우 작기 때문에 동물성 플랑크톤처럼 아주 작은 생물을 포함하여 먹이 섭취 방식이 다른 다양한 생물의 체내에서 발견되고 있다. 우리나라도 예외는 아니다. 한국해양과학기술진흥원의 최근 조사에 따르면, 경남 거제와 마산 일대의 양식장과 근해에서 잡은 굴과 담치, 게, 갯지렁이 가운데 97%인 135개체의 몸속에서 미세 플라스틱이 발견되었다.[5] 이는 큰 플라스틱 조각과 달리, 생태계 먹이사슬의 밑바닥부터 미세 플라스틱 오염이 광범위하게 진행되고 있음

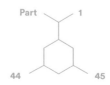

을 보여준다.

유엔 산하의 해양 환경보호 과학 전문가 그룹이 2016년에 발간한 보고서 〈해양 환경 속 미세 플라스틱의 발생원, 동태 그리고 영향〉6)에 따르면, 해양 생물의 몸속으로 들어간 미세 플라스틱 대부분은 소화기관에 머물다 배설된다. 따라서 내장을 제거하고 먹는 물고기를 통해서 미세 플라스틱에 노출될 가능성은 높지 않은 반면, 내장까지 모두 먹는 홍합, 굴, 새우 등을 섭취하면 노출될 가능성이 있다. 이 연구에 따르면 유럽인은 홍합과 굴을 섭취하며 해마다 평균 1만 1,000개의 미세 플라스틱을 먹을 수 있다고 한다.

내장을 제거하고 먹는다고 문제가 사라지는 것은 아니다. 이 보고서에 의하면 나노미터 수준의 작은 미세 플라스틱은 세포벽을 통과해 내장 이외의 조직까지 침투한다고 하니 내장을 제거하더라도 일부는 여전히 몸속에 남아 있어서 우리가 섭취할 가능성이 있다. 마찬가지로 유엔환경계획은 2016년 5월 보고서 〈해양 플라스틱 쓰레기와 미세 플라스틱〉7)에서 "나노 크기의 미세 플라스틱은 태반과 뇌를 포함한 모든 기관 속으로 침투할 수도 있다"는 연구 결과를 소개했다. 실제로 내장 이외의 체내 조직에 박혀 있는 미세 플라스틱이 관측되고 있다.

해양 동물(물고기, 바닷새, 거북, 고래 등)이 플라스틱 조각을 반복적으로 섭취하면 소화기가 막히거나 손상되고, 소화 용량이 줄어 쇠약해지면서 성장이 둔화되고 결국은 죽음에 이른다. 그러나 이는 어느 정도 크기 이상의 플라스틱 조각에 의한 물리적 위험 사례다. 내장이나 다른 기관으로 이동한 미세 플라스틱의 물리적 위험은 아직 확인되지 않아서 이를 알기 위한 적극적인 노력이 필요하다. 굴과 홍합을 즐겨 먹는 인간의 허파나 뇌에 미세 플라스틱 알갱이가 박힌다는 것은 상상만으로도 아찔하다. 물리적 위험만이 전부는 아니다. 플라스틱에 들어 있는 유해화학물질이 가진 잠재적 위험도 결코 가볍게 볼 일이 아니다.

플라스틱의 뼈대인 중합체(플라스틱은 수많은 기본 구성단위[단량체]가 연결된 형태의 구조를 가지는데 이를 중합체라고 함) 자체는 독성을 가지고 있지 않은 것으로 알려져 있다. 그러나 플라스틱에는 중합체 외에도 여러 종류의 화학물질이 포함되어 있다. 기능 보완을 위해 의도적으로 첨가제(가소제, 난연제, 자외선 안정제, 열-안정제, 염료, 충진제, 촉매, 용매 등)를 섞는 데 수천 종에 이르는 화학물질이 사용된다. 이 가운데는 독성물질, 발암물질, 환경호르몬, 중금속 등 다양한 유해물질이 포함된다. 플라스틱 제조 과정에서 발생하는 부산물(폴리스티렌의 다환 방향족 탄화수소 등)과 첨가제 중의 불순물도 유해하다. 중합체의 원료 물질인 단량체(폴리스티렌의 단량체인 스티렌 등)가 반응이 덜된 채 남아서 유해할 수도 있다. 플라스틱 완구나 플라스틱과 폐타이어로 등으로 만들어진 인조 잔디에서 중금속 등 유해물질이 흔히 검출되는 것은 전혀 이상한 일이 아니다.

또한 하천이나 바닷속의 플라스틱은 물속에 녹아 있던 오염물질들을 흡수하거나 흡착한다. 특히 잔류성 유기 오염물질, 잔류성과 생물 농축성이 있는 독성물질, 중금속 등은 플라스틱에 강하게 끌린다. 예를 들어 잔류성 유기 오염물질의 하나인 폴리염화바이페닐은 물속 농도에 비해 100만 배 정도 높게 물속의 플라스틱에 농축된다. 이쯤 되면 하천이나 바닷속의 플라스틱은 가히 화학물질의 칵테일이라고 할 수 있다. 특히 미세 플라스틱은 크기에 비해 표면적이 넓어서 큰 플라스틱 조각보다 단위 무게당 오염물질을 훨씬 더 많이 붙잡으니 더 진한 칵테일이라 할 수 있다. (미세 플라스틱 중에서도 화장품이나 치약 등 개인 위생용품 속의 미세 알갱이microbeads는 하수에 섞여 배출된 후 하수처리장을 거쳐 하천으로 방류된다. 하수처리장에 머무는 동안 생활하수에 들어 있는 수많은 오염물질과 접촉하여 더 많은 수의 화학물질을 함유하게 될 가능성이 크다.)

이렇듯 플라스틱은 생산될 때부터 이미 여러 종류의 화학물질을 함유하지만 폐기된 후 하천이나 바닷물에 도달한 플라스틱, 특히 미세 플라스틱에는 훨씬 더 많은 수의 유해화학물질이 추가된다. 플라스틱 조각이나 알갱이는 수많은 유해화학물질의 보유자인 것이다. 우리가 수돗물을 마시면 그 속의 미세 플라스틱을 먹게 되고 당연히 그 속의 수많은 유해화학물질도 먹게 되는 것이다. 사실 수돗물에 미세 플라스틱이 없다고 해도 많은 유해화학물질이 미량이나마 녹아 있다는 사실은 알려져 있었다. 하지만 미세 플라스틱과 거기에 농축된 유해화학물질을 추가적으로 마시고 있었다는 사실은 최근에야 밝혀졌다.

수돗물만이 아니다. 그 수돗물을 사용해 씻고 조리한 음식, 하천에서 서식하는 물고기, 하천수를 농업용수로 사용하여 재배한 작물 모두 미세 플라스틱 오염에서 자유로울 수 없다. 바다에서 나는 조개, 새우, 게, 생선 등 물고기나 김, 미역 등 해양 수산물도 마찬가지며, 거의 모든 식재료와 음료수가 포함된다고 봐야 할 것이다. 언제부터인가 우리는 미세 플라스틱과 그에 함유된 유해화학물질에 계속 노출되어 있었던 것이다.

이 전체 과정은 우리가 소비한 플라스틱이 글자 그대로 우리에게 되돌아오는 과정이다. 플라스틱도 유해화학물질도 모두 석유에서 시작해 만들어진 것이다. 석유를 에너지원이나 자원으로만 쓰는 것이 아니라 그 폐기물까지 먹고 마시는 지경에 이르렀으니 우리가 석유 시대를 살고 있는 것은 틀림없는 사실이다. 하지만 석유 시대의 종말을 이야기하는 현재까지도 석유 시대의 대표적 폐기물인 플라스틱을 얼마나 많이 섭취하고 있으며, 그로 인해 앞으로 어떤 문제를 겪을지에 대해서는 여전히 모르는 것이 많다.

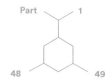

하천과 해양생태계의 미세 플라스틱 오염이 속속 밝혀지고 있고 머지않아 오염된 물이 사용된 경작지, 공원, 산림, 하수 슬러지(하수처리나 정수 과정에서 생긴 침전물)가 살포된 토양 등 육상생태계의 오염도 밝혀질 것이다. 미세 플라스틱에 의한 하천과 해양생태계의 교란에 비추어 보면, 토양 및 육상생태계의 미세 플라스틱 오염은 실제 대책이 별로 없다는 점에서 두렵기까지 하다.

유엔환경계획은 2006년 미세 플라스틱 문제를 지구적인 공동대책이 필요한 핵심 이슈로 지정했다. 미세 플라스틱이 커다란 잠재적 위협이 되자 개인 위생용품 속의 미세 알갱이를 중심으로 정부의 규제나 기업의 자발적 생산과 사용 금지가 진행되고 있다. 우리 식품의약품안전처도 국내에 유통되는 치약과 화장품에서 미세 알갱이의 사용을 금지시키고 있다. 미세 알갱이 사용 금지를 위한 국내외의 노력이 미세 플라스틱 문제에 조금은 도움이 되겠지만 결코 충분하지 않다.

의도적으로 생산되는 전체 미세 플라스틱 중에서도 개인 위생용품은 아주 작은 비중(5% 미만)을 차지한다.[8] 그보다는 큰 플라스틱의 분해나 마모(예컨대 타이어)가 가장 중요한 미세 플라스틱의 배출원이다. 전 세계 자동차의 타이어 재질을 마모되지 않는 것으로 바꿀 수 있을까?

미세 플라스틱 오염을 해결하는 일은 결코 쉽지 않다. 눈에 보이거나 보이지 않는 거의 모든 곳에 플라스틱이 사용되고, 또 배출되기 때문이다. 그렇다면 더 늦기 전에 미세 플라스틱에 대한 대책을 세워야 한다. 원심력이나 막membrane을 이용한 분리, 미세 플라스틱을 분해하는 미생물 등 다양한 잠재적 처리 기술도 연구 중이지만 배출 후 처리는 매우 어려울 수밖에 없으므로 다양한 사전 예방책을 강화해야 한다.

　의도적으로 미세 플라스틱을 생산하고 사용하는 것을 금지하고 무엇보다 2차 배출원을 줄이기 위한 노력이 필요하다. 중·장기적으로 거의 모든 플라스틱의 사용을 줄이고 사용한 플라스틱을 재활용할 수 있도록 정부와 기업, 개인이 노력해야 한다. 이것이 석유 시대를 사는 우리가 미세 플라스틱의 위협에서 벗어날 수 있는 최소한의 방법이다.

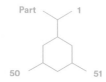

생활 속의 살생물질

화학물질은 용도가 다양한 만큼 종류와 특성도 가지각색이며 우리가 접촉하는 방식도 다르고 독성도 다르다. 예를 들어, 환경호르몬인 플라스틱 용기 속의 가소제는 용기에 담긴 음식물이나 음료에 녹아들어 입을 통해 우리 몸으로 들어올 수 있다. 그 독성 때문에 장기간에 걸쳐 지속적으로 흡수하면 면역력, 생식 능력뿐만 아니라 자손의 건강에도 여러 가지 악영향이 나타날 수 있다. 이와는 대조적으로 상쾌함을 위해 화장실이나 차에 걸어두는 방향제는 규칙적인 빈도로 일정 시간 동안 호흡을 통해 몸으로 들어오게 된다. 방향제는 성분에 따라 암을 포함하여 매우 다양한 독성을 가진다. 이렇듯 가지각색의 화학물질 가운데 우리가 중요하게 관심을 가져야 할 것 중의 하나가 '살생물질'이라고 부르는 화학물질이다.

　살생물질에 관심을 가져야 하는 이유는 분명하다. 애초부터 살생물질은 생물을 죽이거나 억제하기 위해 만들어졌기 때문이다. 즉, 생물에 대한 독성을 보유하고 있다는 특성 때문에 효능과 용도가 인정된 물질이다. 따라서 살생물질의 독성은 같은 양이라도 일반적인 제품에 들어 있는 화학물질보다 더 강하고 뚜렷하다고 할 수 있다. 현대로 오면서 급성독성을 가진 화학물질의 사용은 점차 줄어들었고, 이제는 장기간의 노출에 따른 만성독성을 걱정하는 시대가 되었다. 하지만 살생물질은 만성독성뿐만 아니라 급성독성도 걱정해야 하는 물질이기 때문에 더 주목해야 한다. 본래 승인됐던 용도가 아니라 가습기 살균제로 사용되어 호흡기에 대한 급성독성을 일으킨 가습기 살균제의 피해 사례가 이를 잘 나타내준다.

　살생물질의 사용에 신중을 기해야 하는 또 다른 이유는 살생물질에 내성을 가지는 변종 미생물들이 나타날 수 있기 때문이다. 이러한 변종은 기존의 살생물질 혹은 치료제를 무력화시킨다. 이 때문에 병원에서 일하는 의료인이나 입원한 환자가 소위 변종 슈퍼 박테리아에 감염되어 치료가 어려워졌다는 뉴스를 드물지 않게 볼 수 있다.

　살생물질처럼 대놓고 독성을 지녔음에도 불구하고 광범위하게 사용

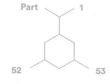

되며 동시에 그 유해성에 대해 무감각한 물질도 별로 없을 것이다. 그러다가 일어난 참사가 바로 수천 명의 사상자를 낸 가습기 살균제 참사이다. 참혹한 가습기 살균제 참사를 계기로 얼마 전(2018년 3월 20일)에야 겨우 제정된 '생활화학제품 및 살생물제의 안전관리에 관한 법률(이하 살생물제법)'에 따르면 살생물제는 유해한 생물을 제거, 무해화, 또는 억제하기 위한 "살생물물질(천연물질, 미생물, 화학물질 모두 포함되나 화학물질이 주를 이룸)"과 살생물로 처리된 혹은 살생물을 함유한 "살생물제품"을 가리킨다. 여기서 유해생물은 사람들에게 피해를 입히기 때문에 없애려는 생물들이다. 쥐약, 모기약 등은 오래전부터 우리에게 익숙한 살생물제다. 많은 살생물제의 유효 성분이 농약 중의 살생물질과 겹치지만 농업 활동에 사용되는 경우 같은 살생물질이라도 법적으로는 농약관리법이 적용되기 때문에 살생물제법에 따른 살생물제에는 포함되지 않는다.

또한 식품, 화장품 등에도 많은 살생물질이 있지만 이들도 법적으로는 살생물제법의 적용을 받지 않는다. 사실 살생물질의 사용이 세부적으로 어떻게 규제되는지는 적용법에 따라 달라지므로 어떤 법의 적용을 받는지는 소비자에게 매우 중요한 사항이다. 예를 들어 손 살균 세정제나 구강 소독 청결제는 화장품과 소비자 제품의 경계선에 놓여 있어서 어떤 규제를 만족시켜야 할 것인가는 관련법에 따라 상당히 달라질 수 있다.⁹⁾ 그 때문에 소비자의 노출량과 위해도가 달라질 수 있다. 이는 서로 이유는 다르지만 제품의 생산자와 소비자 모두에게 매우 중요한 문제다. 그럼에도 불구하고 소비자들은 그런 물질에 어떤 식으로 얼마나 많이 노출되는가가 중요하지 무슨 법에 의해 규제되는지 자체는 일차적 관심사가 아닐 수도 있다. 따라서 이 책에서는 농약, 화장품, 식품 등 용도와 그에 따른 관련법과 관계없이 살생물질을 유해한 생물의 제거 또는 무해화시키는 화학물질 성분을 두루 뜻하는 것으로 사용하겠다.

살생물질의 독성에도 불구하고, 아니 그 독성 때문에 살생물질은 우리 일상에서 생각하는 것보다 폭넓게 사용된다. 쉽게 생각하면 쥐약, 모기약 외에 야외에 놀러갈 때 바르는 벌레 퇴치제, 바퀴벌레약, 이불이나 소파, 반려동물 털 속의 진드기 약, 신발장과 욕실 등에 사용하는 곰팡이 제거제나 악취 제거제 등에 사용된다. 항균이나, 부패 방지 등 보존을 위해서 식품에 사용하기도 하고 그 외 다양한 소비 제품에 숨어 있다.

소비 제품 속의 살생물질에 대한 우리의 태도는 식품 속의 살생물질을 대하는 것과는 다르다. 음식이나 식재료가 오랫동안 썩지 않으면 그 안에 방부제가 많이 들어갔구나 싶어서 다음부터는 먹지 말아야겠다

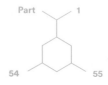

는 경각심으로 이어진다. 하지만 어떤 소비 제품에 살생물질이 들어가 기능이 좋아졌다면 살생물질의 유해성보다 새로운 항균 기능에 관심을 가지고 별 경각심 없이 제품을 사용하게 된다.

예를 들면 상하지 않는 식품과 항균 기능이 있는 소비 제품 모두 살생물질이 함유되어 있다면, 식품의 소비는 줄지만 항균 제품은 환영을 받으며 소비량이 늘어날 가능성이 크다. 칫솔이나 신발 깔창, 양말, 옷, 도마와 주방용 칼, 주걱, 타월, 에어컨 필터 등 항균 기능이 있다는 무수한 소비 제품과 화장품, 세제, 샴푸, 치약 등 사용 기간이 길어서 자칫 상할 수 있는 제품 등에도 살생물질이 사용(함유 혹은 코팅)되고 있을 가능성이 크다. 가습기 살균제로 인한 참사로 모두 정신이 없었을 때 일부 가습기 살균제 성분CMIT/MIT이 치약에서도 검출된 것이 그 예다. 치약의 유통기한을 늘리기 위해 살균제를 사용한 것이다. 이미 수많은 살생물질과 접하며 살고 있기 때문에 살생물질의 용도를 중심으로 어떤 것들이 있는지 체계적으로 정리하고 일상생활에서 접촉을 줄이기 위해 노력하는 것이 좋다.

유럽화학물질청ECHA에서는 살생물제를 용도에 따라 크게 소독과 살균용, 방부용, 유해동물 제거용, 기타 등 네 가지로 분류하고 더 자세히는 총 22개 용도로 나누어 관리하고 있다(〈표1〉[10]). 이 22개의 용도를 보면 살생물질이 실제 우리 생활 전반에 걸쳐 아주 다양한 목적을 가지고 사용되고 있으며, 그 분류에 몇 가지 고려 사항이 적용되고 있음을 알 수 있다. 우선 일반 소비자 제품용과 산업용을 나누는데, 분류된 항목의 수로만 치자면 소비자 제품용이 훨씬 많다. 또한 식용 혹은 섭취가 가능한 용도(내용)와 그렇지 않은 용도(외용)를 나누고 있다. 이는 체내 섭취의 경우 그 악영향을 고려하기 위한 분류일 것이다. 이와 비슷한 이유로 사람과 동물의 생체에 직접 접촉 사용이 가능한 경우와 장비, 도구, 구조물 등과 같이 무생물에만 사용하는 경우도 나누고 있다.

그 외에도 제거 대상인 유해생물의 종류에 따라 살생물제를 구분하는데, 소독과 살균제, 방부제는 주로 미생물과 조류algae 등에 사용되며, 벌레, 곤충, 설치류, 새, 물고기 등의 각종 동물에 사용되는 것과 구분한다. 일반적으로 각종 동물에 사용되는 살생물제pesticides가 미생물이나 조류용 살생물제보다 독성이 큰 것으로 파악된다.

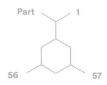

용도	사용 설명
1. 소독/살균제	
인체 위생용	피부나 두피의 소독/살균(예: 손 세정제)
사람과 동물에 직접 사용되지 않는 소독	음식이나 식이 도구와 직접 닿지 않는 재료, 장비, 가구, 표면 등의 소독(예: 수영장과 수족관, 에어컨, 목욕물, 다양한 공간의 벽과 바닥 등의 소독, 섬유, 마스크, 페인트 등의 항균 기능 제공)
음식과 식이공간용	사람과 동물의 음식(물 포함)의 생산, 저장, 섭취에 사용되는 장비, 용기, 도구, 배관 등의 소독
음용수 소독	사람/동물의 음용수 소독용
2. 방부제	
저장 보존	생산품의 보관(식재료, 화장품, 의약품이나 의학용 도구는 제외) (예: 방부제, 쥐약, 살충제 등)
코팅 방부제	미생물이나 조류 등으로 인한 페인트, 플라스틱, 벽 접착제, 밀봉제, 종이 등의 손상을 막아 그 기능을 유지하도록 함
섬유/가죽/고무/합성수지 방부제	미생물에 의한 재료 훼손 방지
건축자재 방부제	미생물이나 조류 등에 의한 건축자재(나무 제외) 손상 방지
냉각/공정용 액체 방부제	물을 포함하여 냉각이나 가공 공정에 사용되는 액체의 미생물에 의한 변질을 막는 방부제(음용수/수영장 물 소독제 제외)
슬라임(점액) 방지제	산업 공정에서 사용되는 도구/장비/구조물에 끼는 점액의 방지
절삭액 방부제	금속이나 유리의 절단/작업에 사용되는 절삭액의 방부제

매일매일 '먹고 마시고 만지는' 유해화학물질

용도	사용 설명
3. 유해동물 제거제	
살서제	쥐나 유해 설치류(유인/퇴치제는 제외)
살조류제	유해한 새(유인/퇴치제는 제외)
무척추동물 제거제	연체동물, 벌레, 기타 별도로 명시되지 않은 무척추동물(유인/퇴치제는 제외)
살어제	물고기(유인/퇴치제는 제외)
곤충/진드기/절지동물용 살충제	곤충류, 갑각류 등 절지동물(유인/퇴치제는 제외)
유인/퇴치제	유해동물들의 유인이나 퇴치를 위한 모든 물질
기타 척추동물 제거제	따로 언급되지 않은 모든 척추동물(유인/퇴치제는 제외)
4. 기타	
방오제	선박, 수경용 장비/도구, 수중 구조물 등에 부착/생장하는 유해생물
박제용	박제나 미라 등을 만들 때 사용되는 방부제

〈표 1〉 살생물제 용도별 분류

그러나 〈표 1〉을 보면 근래 들어 폭발적으로 증가하고 있는 항균 제품에 대해서는 놓치고 있다. 포털에서 '항균 제품'을 검색하면 수백 종류의 제품이 뜰 정도로 종류가 다양하다. 이 제품들의 '항균 기능'은 대부분 코팅 혹은 함유되어 있는 살생물질 덕분이다. 항균 침대에서 항균 이불을 덮고 자며 샤워 후 항균 타월로 물기를 닦아내고 항균 칼과 도마를 이용하여 다듬은 식재료를 먹고 항균 칫솔로 이를 닦고 항균 옷과 신발을 걸치고 다닌다면 하루 종일 수많은 살생물질에 다양한 방식으로 노출되는 셈이지만 그에 따른 위험성에 대해서는 전문가도 정부도 제대로 알지 못한다.

물론 식품과 소비 제품 속의 살생물질이 아무 제한 없이 사용되고 있는 것은 아니다. 알려진 유해성을 바탕으로 여러 가지 법과 규제가 적용되기는 한다. 그렇다고 살생물질이 안전한 수준으로 사용된다고 말하기에는 걱정스러운 점이 많다. 우선 법과 제도가 아직 미비하다. 가습기 살균제 참사처럼 법 자체에 관리의 사각지대가 있을 뿐만 아니라, 살생물질의 유해성 정보가 불충분하고 한 가지 물질이 입, 코, 피부, 눈 등의 경로에 동시에 노출되었을 때 또는 여러 물질에 동시에 노출되었을 때의 위험에 대한 과학적 평가 방법이 한계가 있다. 이 때문에 법적 규제의 제약이 있는 등 미비한 점이 많다. 법에 온전히 기대기 어렵다면 소비자가 조심하는 방법만 남아 있는데, 어떤 제품에 어떤 살생물질이 얼마나 함유되어 있는지 알아도 쉽지 않은 형편에 이런저런 핑계로 아예 공개를 하지 않으면 소비자가 조심하려 해도 조심할 방법이 없다. 먼저 기업은 능동적으로 투명하게 정보를 공개하고 정부는 관련 규제 법과 제도의 보완에 힘쓰되 그 과정에서 소비자의 의견을 대변할 수 있는 적극적이고 실효성 있는 절차가 마련되어야 한다. 당장 소비자가 일상에서 할 수 있는 일은 일단 항균 기능이 있는 제품에 대해서는 경각심을 가져야 한다는 것이다. 항균 기능이 절대적으로 중요하면 모를까 부수적인 이점만 제공하는 경우에는 너무 현혹될 필요가 없다. 특히 항균 침대나 이불 등과 같이 하루 중 긴 시간 동안 접촉을 하거나 칫솔이나 음식물과 관련이 있는 항균 주방용품과 같이 입을 통한 직접적인 체내 섭취의 우려가 있는 제품의 사용은 최소화하는 것이 현명하다.

개별적으로 안전하다면
많은 수의 화학물질에 노출되어도
괜찮을까

어떤 화학물질의 위해도는 그 물질에 노출되는 수준과 독성의 곱에 비례한다(위해도=노출 수준×독성). 즉, 독성이 약해도 많은 양에 노출되면 문제가 되고 반대로 독성이 강해도 노출되지 않으면 위해를 일으키지 않는다는 이치다. 우리가 매일 많은 수의 화학물질에 노출되면서 살고 있다는 것은 잘 알려져 있다. 매일 사용하는 소비 제품은 물론, 담배 연기나 자동차 배기가스에도 백여 종 이상의 유해화학물질이 있다. 그러나 그 정확한 숫자도 모르고 개별 물질별로 얼마나 많은 양에 노출되는지도 잘 알지 못한다. 게다가 물질별 독성도 일부만 밝혀져 있다. 따라서 우리가 노출되는 수많은 화학물질의 개별적 위해도에 대해서도 충분히 알지 못하는 것이 현실이다. 문제는 그뿐만이 아니다. 여러 물질에 동시에 노출되는 경우, 물질들 사이에 상호작용이 일어나서 위해도가 변할 수 있는데(칵테일 효과), 특히 독성의 상승 작용이 일어나서 개별 물질의 독성을 단순히 합산하는 것보다 더 큰 문제를 일으킬 가능성이 있다.

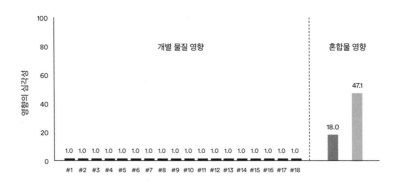

#1 아메트린   #2 아트라톤   #3 아트라진

#4 시아나진   #5 데스메트린   #6 디메타메트린

#7 디프로페트린   #8 메토프로트린   #9 프로메톤

#10 프로메트린   #11 프로파진   #12 세뷰틸라진

#13 섹뷰메톤   #14 시마진   #15 시메트린

#16 터뷰메톤   #17 터뷰틸라진   #18 터뷰트린

<그림 1> 여러 물질의 동시 노출로 인한 악영향의 증가

Part   1

〈그림 1〉은 독성의 상승 작용을 보여준다. 이 연구[11])에서는 18개의 농약물질s-triazines을 사용하여 개별 물질 하나가 조류algae에 끼치는 영향의 심각성이 1.0이 되도록 실험 조건을 만든 뒤, 같은 조건에서 18개를 섞은 혼합물의 영향을 관찰했다. 18개 물질의 개별 영향은 각 1.0이므로 18개 혼합물의 영향의 합은 얼핏 18.0이 될 것 같은데 실제 관찰된 영향은 그보다 훨씬 큰 47.1이었다. 현재 화학물질은 기본적으로 물질 하나하나에 대해서 위해도를 평가한 결과를 기준으로 규제가 이루어지고 있기 때문에 이런 문제를 반영하지 못한다. 현실적으로 많은 수의 화학물질에 일상적으로 동시 노출되는 환경에서 살고 있는 우리는 법에 의해 적절한 보호를 받고 있는지 물어야 한다.

이러한 사례는 최근 일회용 기저귀와 생리대를 조사한 식품의약품안전처(식약처)의 평가 결과에서도 잘 드러난다. 시중 제품에서 유해물질이 배출된다는 것이 알려져 건강에 대한 우려가 커졌다. 그러자 식약처에서는 몇몇 제품 중의 휘발성 유기화합물VOCs●

● 휘발성 유기화합물Volatile Organic Compounds, VOCs — 비점(끓는 점)이 낮아서 대기 중으로 쉽게 휘발되는 액체 또는 기체상 유기화합물을 가리킨다. 산업체에서 원재료나 용매로 많이 사용되며 석유화학, 화학 및 제약공장이나 플라스틱 건조 공정에서 배출되는 가스에 이르기까지 매우 다양하다.

휘발성 유기화합물의 수는 대단히 많은데, 그중 비교적 익숙한 것으로는 메탄올, 에탄올, 아세톤, 디클로로메탄, 트리클로로에탄, 테트라클로로에탄, 벤젠, 톨루엔, 자일렌 등을 들 수 있다. 대표적 배출원으로는 석유화학공장과 각종 유기용제 사용시설, 도장시설, 금속제조 및 가공시설, 전자제품 제조시설, 세탁소, 저유소, 주유소 및 각종 운송 수단의 배기가스 등을 들 수 있다. 또한 숲과 늪 등 자연적 배출원도 있다.

휘발성 유기화합물 중 벤젠, 디클로로메탄, 트리클로로에탄, 테트라클로로에탄 등 여러 발암물질 이외에도 많은 물질이 다양한 독성을 띠고 있기 때문에 취급과 관리에 주의해야 한다. 또한 대기 중에서 빛에 의한 광화학 반응으로 질소산화물NOx과 반응하여 오존 등 광화학 산화제를 생성하여 광화학 스모그를 유발하기도 한다.

10여 종의 함량을 분석하고 그에 기초하여 위해도를 평가했다. 비교적 보수적으로 평가한 것으로 보이는 이 결과에 따르면 개별 물질 하나하나의 위해도는 걱정할 만한 수준을 밑돈다는 것이었다. 또 다른 기관에서 조사한 다른 위해도 평가 결과도 있긴 하지만 식약처 결과를 그대로 받아들인다고 해도 안심하긴 이르다. 아직 여러 의문이 남아 있기 때문이다.

첫째, 아직 분석되지 않은 다른 화학물질들이 제품 중에 함유되어 있으며 이들의 유해성은 미지수다. 다행히 식약처가 추가 분석을 하겠다고 발표했지만 추가 결과가 나오기 이전에 중요한 유해물질을 모두 제대로 검사했다는 것을 확신할 수 있어야 한다.

둘째, 기저귀나 생리대 속의 화학물질들은 다른 경로를 통해서도 우리 몸으로 들어온다. 이런 경우 몸 안의 모든 경로별 노출량을 더한 위해도aggregate risk(하나의 물질이 여러 경로를 통해 몸 안으로 들어올 때의 총 위해도)를 물질별로 평가해야 한다. 이때 기저귀나 생리대의 착용으로 인해 추가되는 노출량 때문에 허용 수준을 초과하게 된다면 안심할 수만은 없다.

셋째, 위해도 평가에서 고려되는 독성이나 질병의 종류는 제한적이다. 예를 들어 면생리대를 사용하면 생리통이 훨씬 줄어든다는 이야기를 많이 들었을 것이다. 이런 통증을 적용한 위해도 평가는 없다. 설혹 생리통이 심각한 질병의 원인은 아니어서 위해도 평가에서는 빠지더라도 소비자의 입장에서는 매우 중요한 고려 사항이 될 수밖에 없다. 일회용 생리대 때문에 생리통이 심해진다면 그것이 제품에 함유된 화학물질과 관련이 있는지를 확인하고 부작용을 줄이는 것이 마땅하기 때문이다.

마지막으로 이 물질들의 개별적 위해도도 중요하지만, 개별적으로는 위해도가 낮아도 여러 물질들에 동시에 노출됐을 때의 종합적인 위해도cumulative risk(여러 개의 물질이 하나 혹은 여러 개의 경로를 통해 몸 안으로 들어올 때의 총 위해도)는 어느 정도일지, 의문은 여전하다. 식약처는 제한된 수의 물질에 대한 개별적 위해도 평가 결과만 발표했을 뿐이다. 이는 단지 기저귀나 생리대만의 문제가 아니다. 우리의 일상에서 사용되는 소비 제품 중의 화학물질은 최소한 수백 종 이상으로 추정되며 사람의 혈액 혹은 태반에 존재하는 것으로 확인된 합성화학물질만 해도 수십 종에서 300여 종을 넘는다는 조사 결과들이 이를 뒷받침한다.[12]

마지막 의문의 중요성을 예전부터 인식하고 답을 찾기 위한 과학계의 노력이 있었으나 아직도 실용적인 관리 대책을 제시할 수 있는 수준은 아니다. 우리나라는 물론 이 분야에서 선도적인 유럽연합이나 미국도 화학물질의 규제 제도에 이 문제를 충분히 반영하지 못하고 있다. 이렇듯 속 시원한 대답을 얻기 어려운 것이 현실이지만 걱정과 궁금증을 부분적으로 해결하기 위해서 현재까지 밝혀진 칵테일 효과를 알아 두자. 단, 이 내용은 앞으로 지식이 더 쌓이면 바뀔 수 있는 잠정적인 것임을 일러둔다.

● 항상 그런 것은 아니지만 어떤 조건하에서는 화학물질의 칵테일 효과가 분명히 존재한다는 사실을 많은 연구들이 보여주고 있다.

● 질병을 일으키는 메커니즘이 동일한 화학물질들이 혼합되어 있는 경우 개별 물질들의 농도를 독성의 세기에 비례하여 조정한 뒤 합산하고 합산된 농도를 이용하여 위해도를 추정할 수 있다. 개별적인 농도가 낮더라도 합산된 농도가 특정 수준을 넘으면 당연히 악영향이 나타날 수 있다.

● 사람에게 노출되는 화학물질 조합의 수는 사실상 무한하기 때문에 이를 하나하나 다룰 수 없다. 현실적으로 이에 대처하기 위해서는 우려할 만한 화학물질들의 조합에 일단 주목하고 그를 걸러내는 것이 유용하다. 혼합물 중 여러 물질 각각은 영향이 없는 수준이거나 혹은 영향이 나타날 수 있는 수준인 경우, 처음부터 여러 화학물질의 혼합물로 제품이 소비되는 경우, 많은 인구가 노출될 가능성

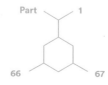

이 있는 경우, 잔류성이 강한 화학물질이 섞여 있는 경우, 그리고 발 암물질처럼 아무리 낮아도 영향이 나타날 수 있는 물질이 섞여 있는 경우 등은 칵테일 효과를 더 고려해야 하며 주의할 필요가 있다.

◈ 현재 칵테일 효과를 평가하는 데 가장 큰 걸림돌은 언제 어디에서 어떤 물질들에 대해 동시 노출이 일어나는지, 그 노출이 시간에 따라 어떻게 변하는지의 정보가 부족하고, 독성 발현 메커니즘이 알려져 있는 화학물질의 수가 제한적이라는 것이다. 따라서 제도적으로 여러 화학물질에 동시에 노출되었을 때의 영향을 평가하고 관리하는 것은 제한적으로만 가능하다.

아직은 수백 가지의 화학물질에 매일 노출되면서 사는 것이 얼마나 위험한지 우리는 잘 알지 못한다. 이를 제대로 평가할 수 있는 과학적 방법도 아주 제한적이다. 그렇다고 해서 좀 더 확실한 과학적 결과를 기다리기만 할 수는 없다. 과거에도 화학물질로 인해 환경이나 건강 문제가 발생했을 때 과학이 바로 우리에게 명료한 답을 내놓은 적은 거의 없다. 거의 20~30년은 기다려야 하며 그것도 답의 일부분만을 내놓는다는 것이 역사에서 배운 경험이다.

그러니 부족하면 부족한 대로 유럽이 살생물제 규제법BPR, Biocidal Products Regulation, (EU)528/2012을 통해 노력하고 있듯이, 우리도 이를 고려할 방법을 결정해서 화학물질의 관리와 규제를 위한 제도에 속히 반영해야 한다. 그런 점에서 2018년에 정부가 '생활화학제품 및 살생물제의 안전관리에 관한 법률'을 제정한 것은 무척 다행이지만 아직 그 내용이 여러모로 미비하여 조속히 보완될 필요가 있다.

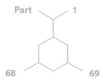

2장.

돌이돌이 돌아온 화학물질

Toothpaste

생활용품 속 수많은 화학물질은 어디로 가고 있을까

가습기 살균제 사태는 우리 사회에 큰 충격을 불러일으켰다. 일상적으로 사용한 화학물질로 인해 엄청난 수의 사상자가 발생했다는 점이 그렇고, 그렇게 큰 피해에 대해 몇 년 동안이나 진상 조사와 책임 규명, 재발 방지책 등이 거의 이루어지지 않았다는 점도 그렇다. 피해자들의 끈질긴 노력으로 문제를 해결하기 위한 걸음이 이제라도 시작된 것 같아 불행 중 다행이며, 다른 한편으로는 일상생활 속에서 화학물질로 인해 발생할 수 있는 문제를 짚어볼 필요를 다시금 느끼게 된다.

우리는 위생과 미용을 목적으로 많은 종류의 제품을 사용한다. 치료나 영양을 위해 약을 먹고, 치약, 샴푸와 액체 비누로 몸을 씻으며, 자외선 차단제를 바르고 머리카락을 염색하고 더불어 향수를 뿌리며 여

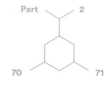

러 종류의 화장품을 사용한다. 빨래와 청소를 위해 다양한 세제를 사용하며 기분을 좋게 하는 냄새 제거제나 방향제를 쓰고 모기나 바퀴벌레 등 집 안의 해충을 퇴치하기 위해 살충제도 사용한다. 또한 가축이나 반려동물에게 사용하는 의약품도 있다. 외국에서는 2000년대에 들어서 이러한 제품들을 묶어서 의약 개인 위생용품PPCPs, Pharmaceuticals and Personal Care Products이라고 부르고 있다. 이 제품들의 기능을 실제로 가능하게 하는 것은 예외 없이 그 안에 들어 있는 화학물질이다.

일상의 화학물질들은 특정 기능을 하도록 만들어진 것이므로 다양한 방식으로 생체에 영향을 준다. 대표적으로 의약품은 생리적으로 신체 기능에 변화를 일으키도록 만들어졌다. 아무런 영향을 주지 않는다면 처음부터 의약품이 될 수 없었을 것이다. 다른 화학물질도 인간이나 생태계에 의도하지 않은 영향을 끼칠 가능성이 항상 존재한다. 그럼에도 불구하고 시장에서 판매되는 것들 가운데 독성이 제대로 알려져 있는 물질의 수는 5%도 되지 않는 것으로 추정된다. 환경부와 산업통상자원부가 2016년에 생활화학제품 중 위해 우려제품 15종과 공산품 4종에 대해 안전성을 확인한다는 계획을 발표한 것이 좋은 사례다.[1] 세정제, 합성세제, 표백제, 섬유유연제, 코팅제, 접착제, 방향제, 탈취제, 방청제, 소독제, 방충제, 방부제 등 우리가 늘 사용하는 것들이 조사 대상이었는데 뒤집어 말하면 그동안 안전성을 확인하지도 않은 채로 판매되고 있었던 것이다. 조사 결과 실제로 10개 업체 18개 제품이 위해 우려 수준을 초과해서 회수 권고 조치가 취해졌다.

PPCPs용 화학물질은 사람이 먹거나 직접 접촉하는 경우가 많기 때문에 대부분 인체에 대한 급성독성은 크지 않을 것으로 생각한다. 하지만 일부 물질은 사람은 물론 수서 생태계의 조류, 무척추동물, 어류 등에 급성독성이 있는 것으로 확인됐다.[2] 이러한 화학물질에 낮은 농도로 장기간 노출되는 생태계에는 만성적이거나 지연된 악영향이 나타나기도 한다. 내분비계 교란을 통한 여러 부작용, 세포와 유전자 손상, 개체의 성장과 활동도 저하 등이 밝혀지고 있으나 아직도 충분하지 않아 연구가 계속되고 있다. 특히 항생제와 스테로이드계 호르몬류가 생태계에 미치는 영향에 대해서 관심이 집중되고 있다.[3]

또한 원래의 화학물질에서 만들어진 부산물의 유해성도 관심사다. 예를 들어 의약품은 체내에서 대사 작용을 통해 다른 물질로 바뀌기도 하고, 자연에서는 미생물이나 빛에 의해 본래의 물질이 변화하여 부산물이 발생되는데, 부산물의 유해성이 원래의 물질보다 더 강한 독성을 가지는 경우도 있다. 이러한 독성 부산물은 화학물질의 관리를 더욱 복잡하게 만든다.

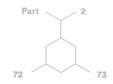

그동안 생활 속의 화학물질이 일으킬 수 있는 악영향에 대해서는 여러 시민단체나 전문가가 산발적으로 경각심을 일깨워왔다. 가습기 살균제처럼 단기간에 일어나는 문제도 치명적이지만 천천히 눈에 띄지 않게 진행되어 돌이킬 수 없는 지경이 되어야만 비로소 우리가 알게 되는 것도 심각한 문제이긴 마찬가지다. 따라서 최근에 밝혀진 일상 속의 화학물질에 대한 사실과 동향을 꾸준하게 살펴보아야 한다.

최근 환경독성, 환경생태, 환경화학 등의 국제 학계와 여러 국가의 환경과 화학물질 관리 부서에서는 '수천 종이 넘는 화학물질들이 사용 후 어떻게 되고 어디로 가고 또 어떤 문제를 일으키는가'에 큰 관심을 가지고 있다. 수십 년도 넘게 사용해왔음에도 불구하고 학계에서도 연구가 미진했고, 정부의 규제도 미미했던 것이 사실이다. 늦은 감이 있지만 지금이라도 관심을 갖게 되어 다행이다. 지금까지 밝혀진 결과들 중 도움이 될 만한 것을 소개하고자 한다.

● PPCPs용 화학물질은 사용 방식에 따라 다양한 경로로 환경으로 유입된다

대부분의 의약품이나 위생용품은 소비 과정에서 하수관을 거쳐 결국 하천으로 유입된다. 의약품은 체내에서 배설된 후 변기를 지나 분뇨나 하수관을 거쳐 하천에 유입된다. 가정에서 복용하지 않고 남은 약들도 변기에 버려지면 같은 경로를 거친다. 위생용품도 샤워나 목욕, 세

척 중에 씻겨 내려가 하수관을 거쳐 하천에 유입된다. 국내에는 빗물과 하수를 같이 모으는 합류식 하수 체계가 흔하기 때문에 비가 오지 않으면 하수처리장을 거쳐 일부 처리가 된 후 하천에 유입이 되지만, 비가 와서 하수량이 늘어나면 빗물이 다량 섞인 하수의 일부는 그대로 하천으로 방류된다. 또한 하수처리장과 연결되지 않은 하수관에서 바로 하천으로 유입되기도 한다. 이 때문에 PPCPs용 화학물질들이 모이게 되는 하천 생태계의 변화가 특히 주목되고 있다. 물론 가정뿐만 아니라 PPCPs 제품의 생산 과정, 취급 사업장(병원 포함)의 폐수와 폐수처리장 방류수를 통해서도 하천에 유입된다.

우리가 버린 쓰레기의 일부는 매립장에 묻힌다. 따라서 쓰레기통에 버려진 쓰다 남은 의약품이나 생활용품, 화장지나 솜 등으로 닦아낸 화장품이나 연고, 자외선 차단제 등이 매립장에 묻혀 있다가 침출수를 통해 밖으로 나와 처리장을 거쳐 하천으로 유입된다.

PPCPs 중 화학물질로 오염된 하천수를 관개수로 사용하거나, 음식물과 가축 분뇨 퇴비, 하수 슬러지 등을 토양에 살포하면 토양 환경으로 화학물질들이 유입된다. 토양의 화학물질들은 비가 많이 오면 지표로 유출되고 지하수를 통해 다시 하천으로 유입된다. 오염된 하천수를 관개수로 사용하거나 토양이 오염되면 농작물 오염으로 이어지고 이는 다시 인체로 돌아오게 된다.

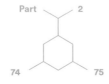

이 순환의 고리에서 가장 큰 문제는 경로별로 얼마나 많은 양이 환경으로 유입되는지를 아직 모른다는 점이다. 대략적인 추정을 통해서 국가나 큰 규모의 유역 단위의 환경 유입량을 계산하는 경우도 있지만 불확실성이 크고, 좀 더 세분된 시공간별 유입량을 배출원별로 파악하는 것은 불확실한 추정조차 하기 힘들다. 이는 환경 유입량을 줄이기 위한 노력에 커다란 장애가 되고 있다.

● 환경에 얼마나 심각한 영향을 미칠까

PPCPs 중 화학물질에 대한 환경오염도 측정 자료는 분석 기술의 발전에 힘입어 크게 확장되고 있다. 그동안은 국가의 규제 물질도 아니고 종류도 수천 가지가 넘어서 분석이 거의 불가능했다. 따라서 아직까지는 어느 나라에서도 국가 차원에서의 오염도 측정과 감시가 체계적으로 이루어지지 않고 있다. 여러 연구를 통해 측정된 오염도는 물질과 지역에 따라 매우 큰 편차를 보이는데 하천에서는 일반적으로 ng/L(백만 분의 1ppm)~μg/L(천 분의 1ppm) 수준으로 이는 ppm 수준에 있는 다른 여러 오염 물질(예를 들면 BOD)에 비하면 매우 낮은 오염도이다.

이렇듯 측정된 오염도가 낮아서 현재까지 알려진 자료와 지식에 근거한 위해성 평가에 따르면 하천수 오염이 인체에 악영향을 미친다는 증거는 아직 없다. 다만 낮은 농도에서의 장기간 노출에 따른 악영향에 대해서는 연구가 더 필요하다.4) 반면에 수서 생태계의 위해도는 허용치를 넘는 경우들이 이미 발견되고 있어서 크게 주목받고 있다. 그러나 이러한 위해성 평가조차 아직 잠재적인 결과이다. 특히 수천 종에 달하는 물질들의 위해성을 종합한 것이 아니고, 화학물질이 혼합되면서 발생하는 상승 작용의 위해성도 모르기 때문에 과소평가될 수도 있다. 더욱이 오염된 하천수를 농업용수로 사용함에 따라 토양과 농작물이 오염되고, 오염된 농작물을 섭취하여 발생할 수 있는 악영향도 아직 평가하지 못하고 있다. 기후변화 때문에 물이 점점 부족해지면 중수도(먹는 물이 상수, 쓰고 버리는 물이 하수라면 하수를 깨끗하게 처리해서 식용 이외의 목적으로 재활용이 가능하게 된 물이 중수이며 중수를 위한 관로가 중수도이다)의 사용 등 물의 재활용률이 높아지므로 오염된 하천수에 노출될 가능성이 지금보다 더 커질 것이다. 이에 대한 대비책도 고민할 필요가 있다.

● 무엇을 할 것인가

개인적인 차원에서는 다양한 노력을 통해 PPCPs의 소비를 줄여야 한다. 의약품의 경우 외국에서는 소비를 줄이는 것뿐만 아니라 소비자가 쓰다 남은 약의 반납을 도와 환경 유입을 줄이려는 프로그램들이 있다.5) 우리도 일부 약국에서는 폐의약품 수거함을 비치하는 등 비슷한 프로그램이 시도는 되고 있으나 전혀 활성화되지 못하고 있는 형편이

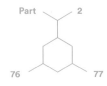

다. 그러므로 신중하게 약을 구매하고 복용하여 불필요한 약의 소비 자체를 줄이는 것이 가장 우선되어야 한다. 남은 약을 폐기한다면 우선 근처 약국의 수거함 사용이 가능한지 확인하고 그렇지 못하다면 집에서는 변기에 버리기보다는 쓰레기통에 버리는 것이 그나마 낫다.[6] 쓰레기와 함께 매립되거나 소각되는 과정에서 고착되거나 제거되는 양이 더 커서 하수 배출보다 환경 유입량이 줄기 때문이다.

하지만 개인적인 노력은 한계가 있다. 줄일 수는 있지만 아예 쓰지 않을 수는 없고, 유해한 성분이 덜 들어 있는 제품을 고르기도 어렵다. 화학물질의 수도 많고 이름을 구별하기도 버거우며 제품에 사용된 화학물질의 표시도 불완전하고 표시된 성분의 유해성을 알기는 더욱 어렵기 때문이다. 이런 상황이다 보니 모든 판단과 결정의 책임을 소비자에게만 떠넘길 수는 없다. 다각적인 평가를 거쳐 기준을 통과한 물질 혹은 제품만 시장에 나올 수 있도록 하는 예방 제도가 마련되어야 한다. 유럽연합의 새로운 화학물질관리제도REACH나[7] 2015년에 발효된 (그러나 3년간 시행이 미루어진) 우리나라의 '화학물질의 등록과 평가 등에 관한 법률'[8]은 과거보다는 진일보한 제도다. 화학물질이 일정 규모 이상 제조 혹은 수입된다면 과거보다 훨씬 다양한 유해성 자료를 사업자가 사전에 제시하고, 예상 사용량을 바탕으로 위해성 평가까지 미리 하도록 하기 때문이다. 다만 제도의 취지를 살리기 위해서는 대상 물질의 범위를 더 확장해야 하고 법에서 요구하는 각종 자료의 생산이나 평가를 위한 기술의 확보 등이 필요하다. 시민, 시민단체, 전문가가 정보와 자료를 정책 당국과 함께 공유하고 합의하여 정책을 수립하고 시행해야만 일상생활의 화학물질로부터 우리의 건강을 보호하는 제도가 제힘을 발휘할 수 있다.

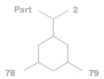

식탁까지 올라온
바다의 미세 플라스틱

인간이 바다에 버린 그물에 온몸이 묶인 거북이나 위장에 플라스틱 쓰레기가 가득 찬 채 죽은 바닷새의 모습이 담긴 사진은 무척 끔찍하다. 이런 사진 한 장으로 실제 피해 규모를 정확히 알지는 못하지만 육지를 넘어서 바다까지 환경오염 피해가 넓어졌음을 생생하게 보여주기에는 충분하다. 바다는 한없이 넓고 깊어 우리가 무슨 짓을 해도 품어줄 것만 같았는데 그게 아니었다. 인간이 초래한 바다 오염은 어제오늘의 일은 아니지만 특히 플라스틱 때문에 발생한 오염은 최근 들어 주목을 받고 있다. 눈에 보이는 플라스틱 조각뿐만 아니라 눈에 보이지 않는 작은 알 갱이들에 의한 오염도와 그 영향에 대한 조사도 급증하고 있다.

독이 되어 돌아온 화학물질

인터넷에서도 '플라스틱 해양오염' 등의 주제어로 이미지를 검색하면 오염이나 그 영향을 상징적으로 보여주는 수많은 사진과 그림을 볼 수 있다. 그중 놀라운 그림은 전 세계 바다 곳곳 큰 규모의 소용돌이에 플라스틱 쓰레기들이 계속 모여 만들어졌다는 어마어마한 넓이의 "쓰레기섬"이다. 그중 하나는 면적이 남한의 약 일곱 배에 이른다고 알려져 있다. 사실 이는 과장된 이야기이긴 하다. 큰 바다 한가운데에 섬이라고까지 부를 만한 엄청난 넓이의 큰 쓰레기더미는 실재하지 않으며, 작은 알갱이가 대부분이어서 가까이 가도 육안으로는 잘 보이지 않는다고 한다.

최근의 조사 결과에 의하면 오염이 심한 곳은 바다 1㎢당 100만 개가 넘는 플라스틱 조각들이 있다고 한다.[9] 관찰자는 섬은 아니더라도 흐릿한 미세 플라스틱 수프처럼 보인다고 보고했다. 한국 해안도 굴이나 홍합 등의 양식장에 조밀하게 사용되는 스티로폼을 비롯하여 그물 등 어업용 도구에 의한 플라스틱 오염이 심해서 2016년 유엔환경계획의 보고서[10]에 오염우심지역의 사례로 소개되었다. 또한 모델링을 통한 오염예측 연구[11]에서도 한반도 주변 바다가 가장 오염이 심한 곳 중 하나로 지목됐다.

해양의 플라스틱 오염은 어떤 영향을 미칠까? 가장 눈에 띄는 것은 바다 동물의 피해다. 바다 동물들이 그물이나 봉투, 밧줄, 낚싯줄 등에 묶여서 부상과 죽음 등 심각한 영향을 받고 있는 사례는 수없이 많다. 바다 동물들은 모양과 냄새 때문에 각종 플라스틱 조각을 먹이로 착각하여 삼키는 경우가 많아 소화기관의 부상, 소화 용량의 축소 등으로 생존을 위협받거나 죽음에 이르기도 한다. 플라스틱 조각을 삼킨 것으로 관찰된 종만도 대단히 많다. 바다포유류(고래, 돌고래, 바다표범, 물개 등)는 알려진 전체 종의 수(115종) 가운데 62종으로 54%이며, 바다거북은 100%(총 7종 중 7종), 새는 56%(총 312종 중 174종)에 이른다.[12] 아직 관찰하지 못한 부분을 감안하면 실제 비율은 이보다 더 클 것이다.

5㎜ 미만 크기의 미세 플라스틱도 동물성 플랑크톤, 크릴, 게, 바닷가재, 성게, 불가사리, 해삼, 부착성 쌍각류 조개, 생선, 새 등 다양한 바다 동물의 몸속에서 발견되고 있다. 미세 플라스틱은 작기 때문에 동물의 크기에 관계없이 체내로 들어갈 수 있는데 직접적인 섭취뿐만 아니라 먹이사슬을 통해서도 섭취할 수 있다. 만약 미세 플라스틱을 먹은 조개를 사람이 먹으면 조개 속의 미세 플라스틱은 사람의 몸속으로 옮겨오는 것이다. 세계 여러 곳의 바다에서 잡힌 많은 식용 해산물 속에서 미세 플라스틱이 관찰되고 있으며, 홍합을 많이 먹는 벨기에인들은 1년에 10만 개 정도의 미세 플라스틱을 섭취하는 것으로 추정됐다.[13]

해산물이 아닌 다른 음식, 맥주, 소금, 꿀 등에서도 미세 플라스틱이 검출되기 때문에 미세 플라스틱을 섭취했을 때 인체에 어떤 영향을 미치는가에 대한 우려가 제기될 수밖에 없다. 실험 결과 미세 플라스틱, 그중에서도 작은 나노 플라스틱은 바다 동물에게 염증을 비롯한 악영향을 미친다고 보고되고 있다. 특히 나노 플라스틱은 체내에서 이동하여 다른 조직이나 기관으로도 이동한다고 알려져 있다.

또 미세 플라스틱에 함유되어 있는 독성화학물질의 영향도 주목해야 한다. 인체나 생태계에 악영향을 미치는 여러 가지 독성물질이 플라스틱에 함유되어 있는데, 실제 바닷가에서 관측되는 다환 방향족 탄화수소류, 폴리염화바이페닐, 폴리브롬화디페닐에테르로 오염된 미세 플라스틱은 물고기에 간독성과 병상을 유발하고,[14] 따로 오염시키지 않더라도 폴리염화비닐이나 폴리에틸렌이 홍합에게 스트레스와 DNA 손상을, 굴에게는 생식 이상을 일으킨다는 실험실 연구 결과가 축적되고 있다.

플라스틱 조각이 해양 생물의 교란과 분포 변화를 일으킬 수 있다는 점 또한 미세 플라스틱이 해양생태계에 미치는 영향 중 하나다. 예를 들어 미세 플라스틱에는 생애주기 1, 2단계의 해파리들이 부착하기 때문에 바다에 미세 플라스틱이 많아지면 부착되어 있던 해파리들이 크면서 개체 수가 전례 없이 많아질 수 있다. 한반도 주변 바다의 거대 해파리의 급증에는 미세 플라스틱도 일부 기여한 것으로 평가된다.

또한 플라스틱은 잘 분해되지 않는데다 가벼워서 나무 조각이나 해초보다 훨씬 먼 거리를 이동할 수 있다. 그런데 바다에 떠다니는 플라스틱 조각에 여러 종류의 해양 생물이 부착되므로 이들을 전례 없이 멀리 이동시켜 옮겨진 지역에서는 외래종이 될 수도 있는 것이다. 부착생물들 가운데 비브리오 같은 해로운 세균도 포함되어 있어 새로운 지역에서 사람을 감염시킬 가능성마저 있다.

사실 바다만의 문제는 아니다. 육지에 아무렇게나 버려진 플라스틱 쓰레기(타이어, 용기 등)에 고인 빗물은 모기 유충의 서식처가 된다. 이 가운데 지카 바이러스를 옮기는 모기도 종종 발견되어 발원지나 확산 지역인 서아프리카나 남미 등에서는 플라스틱 쓰레기를 치우는 것이 중요한 관리 대책으로 제시될 정도이다.

미세 플라스틱의 상당량은 해저로 가라앉는데 이때 자연적인 침강물이 없었던 해저 바닥에 미생물을 포함하여 여러 부착생물이 플라스틱과 함께 바닥으로 내려가게 된다. 이는 해저의 물리적 환경과 생태적 환경을 변화시키거나 교란시킬 수 있다. 그 밖에도 크고 작은 플라스틱 쓰레기 때문에 산호초나 맹그로브 등의 해안 서식지가 훼손되고 있다.

독이 되어 돌아온 화학물질

플라스틱이 바다 생물과 생태계, 사람의 건강 등에 끼치는 영향은 아직 일차적인 관심이지만 그 오염으로 인한 사회경제적 영향도 생각해 볼 필요가 있다. 물에 떠 있는 플라스틱은 항해 중 사고를 일으켜 인명과 재산의 손실을 유발할 수 있다. 배의 프로펠러에 버려진 그물이나 낚싯줄이 엉켜 배가 뒤집히고 사람이 사망하는 사고는 국내외를 막론하고 드물지 않게 일어난다. 또한 수영이나 다이빙을 하다가 버려진 그물에 얽히면 매우 위험하며 외국에서는 그물에 얽혀 있는 바다 동물을 구조하는 작업을 하다 인명 사고가 발생하기도 했다.

중·장기적으로 플라스틱 오염 때문에 바다의 생태계 변화가 일어나 서식어종이 달라지면 어부들의 소득에 피해를 줄 수 있다. 또한 플라스틱 오염우심지역의 해산물 판매가 감소될 수 있으며, 이는 해산물 소비의 전반적 감소와 함께 수산업의 경제적 손실로 이어질 수 있다. 소비자는 더 이상 해산물에서 풍부한 영양소를 얻을 수 없게 되고, 바닷가의 관광지가 잡다한 플라스틱 쓰레기로 오염되어 미관을 해치면 자연히 관광 수입의 감소로 이어질 것이다.

어쩌다 바다의 플라스틱 오염이 이 지경까지 됐을까? 크게 보면 우리가 생산하고 소비하는 플라스틱이 오랜 시간에 걸쳐 바다로 흘러들어 축적된 결과다. 그러나 어떤 플라스틱이 어떤 경로를 통해 바다로

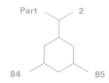

들어가는지를 알면 플라스틱 소비자인 우리가 오염을 줄이기 위해 실천해야 하는 일을 찾을 수 있다.

2017년 전 세계의 플라스틱 생산량은 4억 톤 정도로 추정되며 가장 많이 생산되는 종류는 폴리에틸렌PE, 폴리에틸렌테레프탈레이트PET, 폴리프로필렌PP, 염화폴리비닐PVC, 폴리스티렌PS 등 5종이다. 이 중 3분의 1 정도는 포장용이며 대부분이 일회용인 것으로 알려져 있다. 분명하지는 않지만 대략 총 생산량의 10% 정도가 바다로 유입되는 것으로 추정한다.15) 매년 수백만 톤에서 수천만 톤의 플라스틱 쓰레기가 바다로 유입되는 것이다.

미세 플라스틱이 육상에 배출되는 경로는 화장품과 개인 위생용품의 사용과 세척, 합성섬유와 의류의 사용과 세탁 과정, 자동차 타이어의 마모, 플라스틱 생산과 제품 제조를 위해 성형된 알갱이pellet의 취급과 사용 과정 등이며 보다 큰 플라스틱은 포장, 음료와 식품 용기, 건설, 전기·전자제품을 포함한 다양한 가정용 제품, 해안 관광 등을 통해 배출된다.

육상에서 배출된 플라스틱 쓰레기는 하수관이나 우수관을 통해 하수처리장으로 가고 그다음에 지표수를 거쳐 바다에 이른다. 분류식 하수관망(빗물과 하수를 분리해서 빗물은 하천으로 보내고 하수는 하수처리장에서 처리할 수 있도록 따로 관리할 수 있는 관망)이 잘 갖추어지고 하수처리장이 정상적으로 작동된다면 대부분의 큰 쓰레기가 사전에 걸러지고 미세 플라스틱도 상당 부분 제거될 것이다. 그러나 돈이 많은 나라들을 제외하면 이 처리 체계가 불완전하거나 아예 없는 것이 현실이다.

일부 유럽국가에서 가장 많은 양을 차지하는 미세 플라스틱은 마모된 타이어 가루로 추정된다. 타이어 가루는 도로 주변에 떨어지거나 비산飛散 후 좀 더 먼 곳의 지표면에 떨어지는데, 떨어진 타이어 가루는 비에 씻겨 우수관로를 통해 직접 하천으로 유입되기 때문에 분류식 관망 체계하에서도 상당 부분이 바다로 유입될 가능성이 있다. 또한 플라스틱 폐기물의 수거, 수송, 재활용, 처리, 매립 과정에서 폐기물이 확산 혹은 비산될 수 있는 열린 공간에 얼마나 머무르는지가 매우 중요하다. 이렇게 열린 공간에서는 비와 바람, 누출 등에 의해 관리 경로를 벗어나면 바다에 도달할 가능성이 커진다. 따라서 육상에서 배출된 플라스틱 쓰레기의 바다 유입을 줄이기 위해서는 하수나 초기 우수의 처리 체계와 폐기물 관리 체계를 잘 갖추는 것이 중요하다. 플라스틱 쓰레기를 유해폐기물로 지정해야 한다는 최근의 주장[16]도 귀담아들을 필요가 있다.

플라스틱 폐기물이 해상에 배출되는 경로는 어업과 양식업, 해양 수송, 대규모 크루즈 선박, 해양 여가 활동이 대표적이다. 어업용 쓰레기

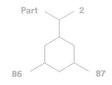

일부를 재활용하거나 양식업이나 크루즈 선박에서 쓰레기를 자체적으로 처리하는 것을 제외하면 거의 불법적인 배출이거나 사고로 인한 배출이며 이는 바다에 직접적으로 유입된다. 특히 미세 플라스틱은 플라스틱 알갱이를 수송하던 중 사고로 대규모 배출이 일어난 사례가 많으며, 크루즈 선박에서는 여행자들의 선상 생활에서 쓰레기가 배출되는데 화장품, 개인 위생용품, 의류의 세탁 과정에서 발생한다. 배 안의 폐수 처리 과정에서 제거되지 않은 부분이 바다로 유입되는 것이다. 따라서 어업과 양식업에서 배출되는 것들은 편리한 회수 도구와 회수를 유도하는 제도적 장치가 필요하며, 사고로 인한 배출도 신속한 회수 장치, 그리고 엄격한 처벌과 피해 보상제도가 마련되어야 한다. 크루즈 선박의 경우 폐수 처리 설비의 처리 효율 개선과 불법 방류의 금지를 위한 제도적 장치가 중요하다.

배출원이 무엇이든 일단 바다로 유입되면 효율적인 대응이 어렵기 때문에 사전 예방이 훨씬 중요하고 효율적이다. 즉, 플라스틱 쓰레기를 원천적으로 줄이는 것이다. 그러려면 소비 자체를 줄이고, 재활용과 재사용을 극대화해야 한다. 특히 기업에는 생산 단계부터 재활용을 고려한 제품을 설계하고 회수와 재활용에 적극적으로 참여할 의무를 부과해야 한다. 결국 자원순환형 사회를 만드는 것이 사전 예방의 길이다.

마지막으로, 우리의 건강을 위해서는 당장 무엇을 할 수 있을까? 우리가 먹는 거의 모든 해산물은 플라스틱, 특히 미세 플라스틱과 독성물질로 오염되어 있다고 봐야 할 정도다. 다만 그 오염이 우리의 건강을 위협하는 수준인지, 어떤 해산물이 더 위험한지는 아직 알지 못한다. 그러므로 해산물을 섭취할 때는 한 번이라도 더 씻고 가능하면 내장을 제거한 뒤 먹거나 통째로 먹는 동물성 해산물의 섭취를 줄인다면 도움이 될 것이다.

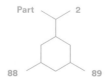

살금살금 서서히 쌓이는
유해물질의 위험

유해물질이 공기나 물, 식품에서 검출되거나 누출 사고가 일어나 온통 뉴스를 장식하다가 "그 양이 기준치 이내여서 영향이 미미하다"는 결론으로 흐지부지해지는 일은 이제 낯설지 않다. 그러나 '기준치 이내'면 안심해도 되거나 '미미한 영향'이 정말 미미하기만 한 것은 아니다.

1960년 레이첼 카슨은 《침묵의 봄》에서 대량으로 살포되는 농약류 화학물질의 급성 피해를 생생하게 고발했다. 그 후 세월이 흘러 1996년에 테오 콜본은 《도둑맞은 미래》에서 오랫동안 전 지구적으로 진행되어온 이해할 수 없는 인체 및 생태계의 피해 혹은 이상 현상의 많은 부분이 화학물질에 의한 것이라는 설득력 있는 가설을 제기하였다.

이 가설들은 이후 많은 연구를 통해 사실로 확인되고 있다. 이미 잘 알려진 화학물질의 급성독성 이외에 최근에는 낮은 농도의 화학물질이 가진 '만성적 영향'과 면역력 저하, 성장 부진, 생식력 감퇴와 같이 알아채기 어려운 소위 '미미한 영향'이 새로운 위협으로 등장하고 있다.

'만성적 영향'이란 증상이 오랜 뒤에 나타나거나 한번 나타나면 오랫동안 지속된다는 시간적 특성을 말하는 것으로 영향의 심각성과는 별개의 이야기이다. 그렇다고 해서 만성적 영향이 심각하지 않다고 해석하면 안 된다. 치명적인 질병인 암도 대표적인 만성적 영향의 하나다. 또한 알아채기 어려운 '미미한 영향'은 그 영향을 받은 개체 자신은 생활과 생존에 큰 지장이 없어 보이지만 종종 심각한 결과를 낳는 경우를 말한다. 즉, 별 문제 없어 보였던 갈매기가 번식기에 들어서도 짝짓기에 관심을 보이지 않는다거나, 펠리컨이 칼슘 대사 이상으로 정상보다 살짝 얇은 껍질을 가진 깨지기 쉬운 알을 낳았다거나, 매, 독수리 등이 북미 전역에서 새끼의 수가 급격히 줄었거나, 일부 지역에서 아예 멸종을 한 것이 대표적 사례다. 따라서 미미한 영향은 무시해도 좋은 영향이 아니라 쉽게 알아보기 어려운 영향이라고 해석하는 것이 더 적절할 것이다.

이런 영향은 아주 적은 양의 화학물질로도 나타날 수 있으며, 금방 나타나지도 않고 눈에 잘 띄는 현상도 아니라는 점에서 그 원인 물질을

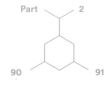

확인하기 어렵다. 확인이 될 즈음이면 이미 그 물질이 오랫동안 사용된 이후라서 사후약방문식의 대처가 이루어질 수밖에 없기 때문에 과거의 급성독성을 가진 화학물질과는 사뭇 다른 양상을 가지게 된다.

이렇게 점점 변하는 화학물질의 위협에 대처하기 위해 화학물질의 위험성을 평가하는 틀도 점차 변해왔다. 예전에는 어떤 물질에 의한 위험을 물질이 가지고 있는 독성, 그것도 급성독성을 보고 평가했는데, 그것만으로는 불충분하다는 점이 명백해졌기 때문이다. 독성에도 만성독성을 포함하여 훨씬 다양하고 관찰이 어려운 악영향까지 평가해야 한다는 점이 분명해졌다. 그러나 더 큰 변화는 화학물질에 대한 노출의 수준도 독성 못지않게 중요하게 고려해야 화학물질의 위험성Risk(국내에서는 위해성 혹은 위해도라고 함)을 제대로 평가할 수 있다는 것에 공감대가 형성된 것이다.

$$화학물질의\ 위험성(위해성) = 노출 \times 독성$$

즉, 화학물질의 위해성을 평가할 때는 노출과 독성의 정도를 함께 고려해야 한다는 개념이 보편적으로 사용되고 있다. 여기에는 아무리 독성이 커도 그 물질에 노출되지 않으면 위험성이 적고, 대조적으로 독성이 상대적으로 적은 물질이라도 고농도로, 혹은 장기간 노출되면 위험성이 커질 수 있다는 경험이 깔려 있다.

새롭게 알려진 화학물질의 위협에 대처하기 위해 최근에는 화학물질을 분류할 때 PBT(잔류성Persistence, 생물농축성Bioaccumulation, 독성Toxicity) 정도를 평가해 사용하기 전에 미리 걸러낸다. 화학물질이 가진 독성T의 종류나 심각성을 알아야 할 이유는 분명하지만 잔류성P과 생물농축성B은 왜 중요할까? 잔류성과 농축성은 화학물질의 위험성을 구성하는 요인 중 노출에 큰 영향을 주기 때문이다.

'잔류성'은 자연환경에서 잘 분해되지 않고 오랫동안 남아 있는 정도를 의미한다. '잔류성 유기오염물질에 관한 국제협약(스톡홀름협약)'에 따르면 반감기(환경 중 농도가 반으로 줄어드는 데 걸리는 시간)가 물에서 2개월 또는 토양(혹은 하천 저토)에서 6개월 이상이면 잔류성 물질이라 할 수 있다.

환경 중에 오랫동안 잔류하면 그만큼 생태계에 악영향을 끼칠 수 있는 시간도 길어진다. 또한 금방 없어지지 않고 오랫동안 남아 있으면 바람과 물, 때로는 철새와 같이 장거리 이동을 하는 생물체 등의 움직임에 따라 넓은 공간으로 퍼져 나갈 수 있는 기회도 늘어나므로 더 넓은 지역의 생태계 오염으로 이어지게 된다.

맹독성 물질인 다이옥신이나 PCBs 등을 배출하거나 사용한 적도

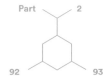

없는 북극 지역의 생태계가 그 물질들을 가장 많이 배출하는 북미 대도시 지역의 생태계 못지않게 오염된 것으로 확인되었는데, 가장 큰 이유는 이 물질들의 잔류성 때문이다. 다이옥신의 토양 중 반감기는 1~3년이므로 오염도가 초기 수준의 1/100로 줄어들기 위해서는 대략 7~20년이 걸린다. 이는 토양에서 증발한 다이옥신이 지구를 몇 십 바퀴 이상 돌 수 있는 시간이므로 우리나라에서 배출된 다이옥신이 북극을 오염시켰다 한들 전혀 이상하지 않다. 이렇듯 잔류성은 화학물질에 의한 노출의 시공간적 위협을 이해하고 대처하는 데 매우 중요한 특성이다.

'생물농축'은 화학물질이 생물 체내로 들어와 점차 쌓여서 몸속의 농도가 커지는 현상과 오염된 생태계에서 먹이사슬 내 위치가 한 단계 높아질수록 농도가 급격히 진해지는 현상을 말한다. 일반적으로 생물 농축성 물질의 농축 수준은 100배~1억 배에 달한다. 예를 들면, 미국 워싱턴주 퓨젓사운드Puget Sound만에서는 먹이사슬에서 가장 아래에 위치한 식물성 플랑크톤의 화학물질 체내 농도가 서식하는 물속 농도의 만 배에서 백만 배에 이른다는 사실이 밝혀지기도 했다. 이 플랑크톤을 먹고 사는 상위 동물들의 오염도는 당연히 그 이상일 것이다.

많은 연구에서 DDT(유기염소 계열의 살충제이자 농약)나 생물농축성 물질은 먹이사슬이 한 단계 올라갈 때마다 농도가 최소 수십 배 이상 올라간다는 것이 관찰되었다. 플라스틱 제품에 흔히 들어 있는 디에틸헥실프탈레이트의 경우 수백 배 정도의 생물농축이 일어나는 것으로 알려져 있다.

생물농축의 가장 극적인 사례는 세계적으로 큰 충격을 준 일본 미나마타병이다. 일본의 한 화학공장에서 폐수와 슬러지를 통해 병의 원인 물질인 수은을 버렸고, 이는 해안 생태계를 심각하게 오염시켜 결국 그곳에서 잡힌 조개와 물고기를 먹은 주민들의 몸으로 들어갔다. 오염 지역이었던 미나마타 지역 주민의 머리카락 중 수은 농도는 최대 705ppm으로 당시 다른 지역의 평균 4ppm에 비해 180배 정도 더 높은 수준이었다. 수은이 심각한 수준으로 체내에 농축되었음을 나타낸다. 그 결과 작은 어촌 마을이었던 미나마타에서 2,000명 가까운 사람이 사망하고 60년이 지난 지금까지도 여전히 대를 이어가며 고통을 겪는 참사가 벌어졌다.

생물농축이 일어나는 이유를 산술적으로 설명하면 몸속으로 들어오는 속도가 몸속에서 분해되어 없어지는 속도와 몸 밖으로 배출되는 속도의 합보다 커서 몸속에 쌓이기 때문이다. 지금 생산되는 수많은 화학물질은 몸의 신진대사 과정에서 잘 분해되지 않는다. 그 경우 들어오는 속도와 배출되는 속도의 차이만큼 화학물질이 몸에 쌓이게 된다.

우리 몸에서 노폐물을 밖으로 내보내는 가장 큰 수단은 땀과 소변이

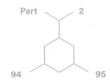

다. 이 경로로 몸 안의 화학물질이 배출되려면 우선 그 물질이 땀과 소변에 섞여야 한다. 어떤 물질이든 땀과 소변의 주성분인 물에 어느 정도는 녹아야 원활하게 배출이 되는 것이다. 따라서 물에 잘 녹지 않는 화학물질들은 몸에 쌓일 가능성이 크다고 볼 수 있다. 결국 물에 잘 녹는 물질보다는 기름에 잘 녹는 물질, 즉 기름과 잘 섞이는 물질이 주로 몸에 남는다.

이렇게 몸 안에 농축이 일어나는 화학물질은 몸 안에서도 지질이나 지방세포에 주로 쌓이게 된다. 이런 현상은 사람뿐만 아니라 어떤 생물체 안에서든 비슷하게 일어난다. 결과적으로 지방 함량이 적은 식물 체내의 농축 수준은 일반적으로 동물에 비하여 낮으며, 동물의 몸 안에서도 지방질이 풍부한 부위는 상대적으로 많은 유해화학물질들을 함유하고 있을 가능성이 크다. 오늘날 우리가 생선이나 육류의 지방 섭취를 조절해야 하는 이유는 지방의 높은 칼로리 때문만은 아닌 것이다.

몸속에서 유해물질의 농도가 점차 커지면 그로 인한 악영향도 함께 커질 것이라는 점은 두말할 필요가 없다. 특히 엄마의 몸속에 농축된 물질은 태반을 통해 태아에게 직접 전달되기 때문에 나쁜 영향도 함께 전달될 수 있다. 아이는 세상에 나오기도 전에 화학물질에 노출되고 결과를 알 수 없는 위험에 노출되는 셈이다. 이 때문에 화학물질의 생물농축성을 파악하는 것은 매우 중요하다. 앞에서 설명한 것처럼 생체농축성이 큰 화학물질은 환경 중의 농도가 낮더라도 생물체 내의 오염은 대단히 높아질 수 있으며, 특히 먹이사슬의 가장 높은 위치에 있는 사람에게는 더욱 큰 영향을 미칠 수 있어서 각별한 관리가 필요하다.

화학물질의 위협을 최소화하기 위해서는 화학물질 노출을 줄이려는 소비자 각자의 노력도 중요하지만, 그것은 뚜렷한 한계가 있다. 더구나 급성독성 외에 만성적으로 혹은 미미한 영향을 주는 화학물질을 조심하는 것은 더 힘들다. 현대인의 몸 안에서 수백 종의 화학물질이 검출된다는 조사 결과는 소비자의 노력에 한계가 있음을 여실히 보여주는 결과다. 따라서 소비자 각자의 노력보다 화학물질의 정보를 더 많이 가진 생산자의 의무와 책임이 훨씬 막중하다. 생산자는 생산 단계에서 화학물질의 독성을 최소화해야 하며 생산품에 유해한 화학물질이 들어가지 않도록 노력해야 한다. 또 정부는 생산자가 의무와 책임을 다할 수 있도록 제도적 장치를 마련해야 한다.

쓰레기와
그 속 유해물질의 세계여행

외국에서 다량의 전자폐기물을 수입하여 국제적으로 오명이 높은 중국 광둥성 구이유에서는 전체 가구의 80% 정도가 전자폐기물 재활용에 참여하고 있다고 한다.[17] 전자폐기물이란 글자 그대로 우리가 일상에서 사용하는 TV나 컴퓨터, 게임기, 휴대전화, 냉장고, 세탁기 등 가전제품과 복사기, 프린터, 팩스기, 전선 등 사무용 전기·전자제품들이 폐기되면서 발생한 쓰레기다. 마을 전체가 전자폐기물로 덮여 있는 것 같은 기사 속 사진의 모습은 쓰레기 수출입 문제의 심각성을 단적으로 보여준다.

재활용 명목으로 수입되어 이 지역까지 오게 된 전자폐기물은 돈이 되는 성분이 회수될 때까지 아무 곳에나 보관하기 때문에 쓰레기에서 침출된 유해물질로 토양과 인근 하천, 지하수가 심각하게 오염된다. 또한 부품을 꺼낼 때도 보호 장비 하나 없이 노동자들이 직접 손으로 회수한다. 이 과정에서 노동자들은 회로 기판 속의 납 등 다수의 중금속과 환경호르몬인 가소제(프탈레이트)와 방염제PBDEs, 미세먼지, 작업에 사용하는 화학물질에 지속적으로 노출된다.

이때 배출되는 유해물질들은 당연히 주변 환경을 오염시킨다. 돈 되는 부품을 꺼낸 후 쓸모없는 쓰레기는 노천에 그대로 투기하거나 들판에서 태워서 처리한다. 이렇게 버려진 쓰레기에서는 장기간에 걸쳐 유해한 화학물질들이 나오고, 태우는 과정에서는 유독한 불완전 연소물이 발생하여 주변을 오염시키며 지역 주민들의 건강까지 위협한다. 플라스틱이나 전선 피복의 소각 과정에서 발생되는 다이옥신류 화합물이 대표적 오염물질이다.

실제로 구이유 지역의 환경오염 조사와 주민 건강 조사를 보면 심각하다. 먼저 납, 카드뮴, 다이옥신, PBDEs, PCBs 등의 유해물질에 의한 대기, 토양, 하천, 우물물의 오염도가 국제적인 기준치나 타 지역의 오염도를 훨씬 초과하는 수준이다.[18], [19] 예를 들어 다이옥신에 의한 대기 오염도는 전 세계에서 관측된 최고 수준이었으며(65~2,765pg I-TEQ/㎥),[20] PBDEs도 그다지 깨끗하다고 할 수 없는 도시인 홍콩의 약 300

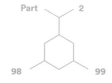

배 이상의 대기오염도(최고 16,575pg/㎥)가 관측되었다.[21] 중금속에 의한 대기오염도 심해서 이 지역의 도로변 대기 속 분진 중 납 함량 수준은 무려 20,000mg/kg으로 세계 여러 도시의 도로변 분진 중 평균 납 함량의 대략 50배, 미국 전 지역의 표토 중 납 평균 함량의 약 800배에 해당하는 수준이다. 놀랍게도 전자폐기물 처리 작업장 내의 분진 중 함량은 도로변 분진의 5배 이상의 농도에 달했다.[22] 강물에서는 그 지역의 음용수 수질 기준의 8배를 초과하는 납 오염(0.4mg/L)이,[23] 강바닥의 퇴적층에서는 유럽과 북미 국가의 10~1000배 이상 수준인 16,000ng/g의 고농도 PBDEs 오염이[24] 각각 보고되었다.*

● mg=10^{-3}g
　μg=10^{-6}g
　ng=10^{-9}g
　pg=10^{-12}g

이 지역에서 생산되는 쌀, 달걀, 닭고기, 생선, 어패류, 채소 등 먹을거리의 오염도도 심각하다.[25] 먹을거리까지 오염되었기 때문에 구이유 지역 주민의 하루 PBDEs 섭취량은 전자폐기물 재활용 산업이 없는 도시의 최소 21배에서 최고 481배에 달하는 수준으로 평가되었다.[26] 사람의 혈액, 머리카락, 태반, 제대혈, 모유 등의 조사 결과는 환경과 먹을거리의 심한 오염으로 인한 인체오염도를 보여주며 [17), 27), 28)] 다른 지역에 비해 4배 이상 높은 사산율을 보일 뿐만 아니라 어린아이들의 경우 저체중 발생 빈도가 1.5배 이상 잦았으며, 키도 1.4㎝ 정도 더 작은 것으로 나타났다.[29] 또한 아이큐 점수로는 5~8점 정도에 해당하는 지능 저하 가능성,[30] 유전자 손상 가능성 등이 추정되고 있어서 건강에 심각한 악영향이 이미 나타나고 있거나 그 잠재적 가능성이 우려되는 수준에 있다.17, 31~34)

과거와 비교하면 오늘날 돈과 상품은 대규모로 국경을 넘나들며 이동한다. 쓰레기도 마치 하나의 상품처럼 활발하게 국경을 넘나든다. 플라스틱 폐기물만 보더라도 수출입량이 2016년 한 해에만 대략 1,600만 톤에 이르는 것으로 추정되고 있다. 쓰레기의 국가 간 이동이 활발한 이유는 결국 돈 때문이다. 나라마다 쓰레기 관련 규제 수준과 경제 여건이 다르기 때문에 쓰레기 관리 비용의 차이가 크다. 보통 잘사는 나라가 가난한 나라보다 규제 수준과 관리 비용이 높기 때문에 자체 처리가 만만치 않은 쓰레기를 가난한 나라로 내보내서 처리하려는 강한 경제적 동기를 갖고 있다. 그러나 쓰레기의 수출은 '수출'이라는 이름만 붙였을 뿐 처리가 곤란한 쓰레기를 가난한 나라에 헐값으로 떠넘기는 일이다. 가난한 수입국에서는 느슨한 환경 규제와 뒤떨어진 기술 탓에 쓰레기를 제대로 처리하지 못하기 때문에 결국은 환경오염과 피해를 가중시키게 된다.

폐기물 수출입을 줄이기 위해 특히 유해폐기물을 중심으로 쓰레기의 국가 간 이동을 규제하는 바젤협약이 만들어졌지만 불법이든 합법이든 여전히 규제를 피해 국가에서 국가로 쓰레기를 떠넘기고 있다. 규제를 피하기 위해 재활용이라는 미명하에 쓰레기가 국경을 넘어 거래된다. 우리나라에서도 일본의 석탄재 등 쓰레기를 재활용 혹은 에너지 회수 등의 명목으로 수입하여 시멘트 제조 과정에 사용하였다. 이로 인해 중금속으로 오염된 시멘트가 주택 건설에 사용되어 문제가 되기도 했다.[35] 반대로 2018년에는 우리나라에서 필리핀으로 쓰레기를 재활용품으로 속여 수출한 일이 국제적 망신거리가 되었다.

최근 재활용의 이름으로 국가 간 이동이 이루어지고 있는 대표적 쓰레기는 전자폐기물이다. 특히 휴대전화와 노트북 컴퓨터, 탁상용 컴퓨터 등 개인용 전자제품 쓰레기가 큰 문제로 떠오르고 있다. 사용 대수 자체가 많을 뿐만 아니라(2011년 전 세계에서 사용 중인 휴대전화만 자그마치 60억 대로 추정된다.[36]), 판매 이윤을 극대화시키기 위해 의도적으로 내구성이 짧게 생산되었기 때문이다. 빠른 신기술 개발 속도와 신제품으로의 교체를 부추기는 판매 전략 탓에 외국에서도 컴퓨터와 휴대전화의 교체 주기가 각각 3년, 2년 정도에 불과하다.[37]

빠르게 교체된 제품들은 해마다 엄청난 양(유엔환경계획 추정 약 2,000~5,000만 톤/년)의 쓰레기가 된다. 2~3년 정도 사용한 것이라 해도 재사용할 수 있는 것들이 많으며, 제품 내부에는 금, 은, 팔라듐, 코발트, 구리, 인듐 등 회수하면 돈이 되는 재료와 부품들이 많다. 하지만 동시에 폐기 이후에 제대로 처리하지 않으면 큰 문제를 일으킬 수 있는 납, 수은, 비소, 카드뮴, 크롬, 리튬, 주석, 베릴륨 등 유해한 중금속과 프탈레이트류 가소제, 방염제, 인, 석면 등 유해물질들도 포함되어 있다. 문제는 잘사는 나라일수록 폐기량은 많고 재사용 수요는 거의 없다는 것이다. 또한 높은 규제 수준 때문에 쓰레기의 유해 성분을 처리하는 데 돈이 많이 든다. 돈이 되는 것을 회수할 때 얻는 이익보다는 처리비용이 더 커서 폐기물을 수출로 둔갑시켜 처리하려 한다.

반면에 가난한 나라에서는 수입되는 중고품의 재사용 수요도 상대적으로 많고 저렴한 임금을 주고 돈이 되는 것들을 회수하고 나머지를 대충 처리할 수 있으니 장사가 된다. 이런 상황에서는 부자 나라에서 버린 전자폐기물들이 재활용이란 명목으로 가난한 나라에 흘러갈 수밖에 없다. 지구적 차원에서 보면 자원의 재활용이란 순기능이 있지만, 그 과정에서 가난한 나라에서는 작은 경제적 기회를 얻는 대신 부자 나라가 짊어져야 할 심각한 건강 피해와 환경오염을 떠안게 된다.

〈그림 1〉에서 보듯 휴대전화와 개인용 컴퓨터 등 전자폐기물을 외국에 가장 많이 버리는 나라들은 미국과 유럽의 국가이며 일본은 물론이고 우리나라도 버리는 나라에 속한다. 2018년 이전까지 중국은 세계 전자폐기물의 70%, 아시아 전자폐기물의 90%가 흘러들어가는 압도

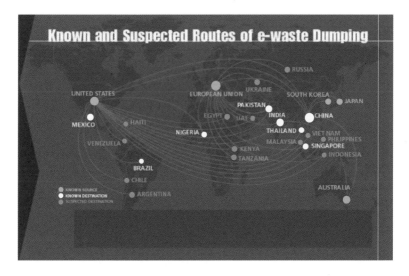

<그림 1> 지금까지 알려져 있거나 추정되는 전자폐기물의 국가 간 이동 경로 (녹색: 수출국, 하얀색: 수입국)
(출처: BASEL ACTION NETWORK; UNITED NATIONS ENVIRONMENTAL PROGRAMME)

적인 수입국이었으며(2018년부터 폐기물 수입의 상당 부분을 금지시켰음),
더불어 아프리카의 나이지리아와 가나, 인도와 파키스탄, 동남아의 베
트남, 말레이시아, 필리핀 등 남반구 국가들이 주요 수입국이다. 중국
구이유 지역뿐만 아니라 전자폐기물을 수입한 곳은 어디든 큰 문제를
떠안게 된다. (유튜브에서 'e-waste'로 검색하면 수입국들의 실상에 대한 생
생한 동영상을 볼 수 있다.) 그럼에도 얼마나 많은 양의 전자폐기물이 어
떤 경로로 수출입되고 있는지 자국의 상황을 정확하게 파악하고 있는
나라조차 없다. 우리나라도 예외는 아니다. 미국의 경우 재활용 명목으

로 국내에서 수집한 전자폐기물의 80% 정도가 중국으로 수출되는 것으로 겨우 추정할 정도이며, 유럽의 여러 항구에서 불법으로 전자폐기물을 수출하려다 적발되기도 했다. 문제 해결을 위해 필요한 가장 기초적인 현황조차 파악되지 않고 있다는 것은 앞으로 갈 길이 매우 멀다는 것을 의미한다.

전자폐기물의 국제적 이동, 즉 세계화에 따른 문제를 살펴보았으나 이러한 문제는 전자폐기물에만 국한되지는 않는다. 1997년 북한이 돈을 받고 대만의 핵폐기물을 처리한다고 하여 우리나라에서도 난리가 난 적이 있다.[38] 우리나라에서도 방사능으로 오염됐을 가능성이 있는 폐콘크리트, 석탄재, 고철 등을 제대로 검사하지 않은 채 수입해왔고, 특히 후쿠시마 사고 이후에 그 지역에서 배출된 고철을 다량 수입했다. 일본을 비롯하여 외국에서 수입한 방사능으로 오염된 폐기물을 도로나 주택의 재료로 사용하면 문제가 발생할 수 있다.[39] 2011년 서울시 노원구 월계동에서 발견된 아스팔트 도로의 방사능 오염[40]과 같이 전혀 예상치 못하게 우리의 주변을 방사능으로 오염시킬 가능성이 있기 때문이다. 전자폐기물 외에 다양한 종류의 유해한 쓰레기들이 무책임하게 국제적 이동을 하고, 모르는 사이에 우리도 심각한 피해를 입을 수 있음을 피부로 느끼게 된다.

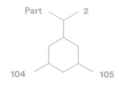

꼭 필요하지 않은데도 물건을 구매하고 소비하는 습관이 나도 모르게 다른 나라 사람들의 건강에 피해를 주거나 환경을 파괴할 수 있다. 거꾸로 일면식도 없는 다른 나라 사람의 결정이 내게 피해를 가져올 수 있는 것이 우리가 사는 세상이다. 그러나 우리가 이 문제의 위험성을 줄이거나 예방하기 위해서 무엇을 어떻게 해야 하는지 판단하기는 어렵다. 또한 소비할 때마다 타인을 위해 소비 욕구를 억제하는 일은 쉬운 일이 아니다. 분명한 사실은 전 세계가 제 쓰레기를 남에게 떠맡기지 않겠다는 약속(1992년 바젤협약)을 했다는 것이다. 따라서 우리는 약속을 지키는지 지속적으로 감시하고 경계해야 한다.

독성 화학물질로 오염된 땅, 숨기기만 할 것인가

2015년 3월 18일 윤성규 전 환경부 장관은 반환 미군기지의 오염 정화는 "기본적으로 정화가 핵심으로, 누가 정화하느냐는 두 번째 문제"라며 그간 견지해왔던 환경부의 입장과는 상반된 의견을 밝혔다. 오염자인 미군 대신 우리가 막대한 비용을 부담하고 있으며 그 비용도 증가하고 있는 마당에 환경문제 해결에서 가장 기본적인 오염자 부담 원칙[*]을 환경부 장관이 정면으로 부인한 것이다.

● 오염자 부담 원칙과 환경 오염자 부담 제도[41)]
— 오염자 부담 원칙은 환경오염과 그 결과로 인한 비용을 오염을 일으킨 원인자가 부담하여야 한다는 원칙이다. 최근에는 오염 방지 비용뿐 아니라 오염의 피해 복구에 소요되는 비용을 기본적으로 원인자가 부담하여야 한다는 주장이 힘을 얻고 있다. 환경 오염자 부담 제도는 환경오염의 원인을 제공한 자가 환경오염의 방지, 제거 및 손해전보에 관하여 책임을 져야 한다는 '원인자 책임원칙'에 근거한 제도이다. 그러나 대부분의 환경오염의 경우, 제조자에 의해 원료가 제품으로 만들어지고, 그 제품이 판매자를 거쳐 소비자에게 유통이 되고, 이어 소비자가 제품을 이용하여 제품이 폐기물이 되는 일련

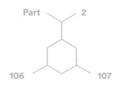

2011년 경북 왜관의 캠프 캐롤과 주변 지역이 발칵 뒤집혔다. 인류가 알고 있는 가장 맹독성의 화학물질이라고 불리는 다이옥신으로 기지와 주변 지역이 오염됐을 가능성이 제기되었기 때문이다. 다이옥신의 출처는 월남전에서 미군이 사용한 제초제(고엽제)인 에이전트 오렌지이며 이 고엽제가 예전에 한국에서도 사용되었고 일부는 캠프 캐롤의 부지에 매립되었다는 것이 퇴역 주한미군들의 증언으로 밝혀졌다. 전 국민의 관심과 요구에 못 이겨 한미합동조사위원회를 만들고 오염 여부를 조사한 결과, 다

의 과정에서 오염원인자가 누구인지 확정하는 것은 쉬운 일이 아니다. 따라서 환경 오염자 부담 제도는 환경 개선으로 인하여 이익을 보는 자가 그 개선 비용을 부담하여야 한다는 '수익자 부담의 원칙'과 보전된 환경을 이용하는 자가 그 자연의 이용료를 지급하여야 한다는 '이용자 부담의 원칙'으로 확장되고 있다.

대표적인 환경 오염자 부담 제도로는 오염물질을 배출하는 사업자에게 오염물질의 배출 정도에 따라 경제적 부담으로서 부과금을 부과시키는 배출 부과금 제도와 이용 과정에서 오염물질을 다량으로 배출시키는 시설물과 자동차의 소유자에게 이용에 상응하는 오염물질 처리비용을 부담토록 하는 환경 개선 부담금 제도 등이 있다. 환경 오염자 부담 제도와 같은 경제적 유인수단은 시장기구를 통해 오염 저감에 대한 경제적 유인을 제공함으로써 환경 목표를 달성하고자 하는 정책 수단이다. 환경오염과 같은 외부불경제 문제를 시장기구를 통해 해결함으로써 직접 규제에 비해 저렴한 비용으로 동일한 오염 억제 효과를 얻을 수 있으며, 환경 기술의 발전을 촉진하는 등의 장점이 있다.

이옥신 못지않게 악명 높은 다수의 독성 화학물질로 부지가 오염되었다는 사실이 드러났다. 그 오염도는 현재까지 알려진 국내의 어느 곳보다 높았다.[42] 미군의 증언, 조사 결과 밝혀진 환경오염에도 불구하고 고엽제 드럼통의 매립 여부가 확인되지 않았다는 이유로 조사 결과는 유야무야되었고 어떤 후속 조처가 진행되고 있는지는 이제 아무도 모른다.

독이 되어 돌아온 화학물질

2012년 인천 부평구의 캠프 마켓 주변 지역의 토양오염에 대한 세 번째 조사가 진행되었다. 한때는 캠프 마켓의 부지였던 곳으로 유류와 휘발성 유기오염물질, 그리고 중금속의 오염이 심하다는 사실은 그 이전의 두 차례 조사에서도 이미 확인된 적이 있었다. 세 번째 조사는 왜관의 캠프 캐롤에 매립됐던 고엽제 드럼통이 반출됐을 법한 곳으로 캠프 마켓이 지목되었기 때문에 이루어진 조사로, 유류와 중금속뿐만 아니라 다이옥신과 그와 유사한 일부 독성 화학물질의 조사가 진행됐다. 조사 결과 심한 유류와 중금속 오염이 다시 확인됐으며, 일부 지점에서 국내에서는 흔치 않은 수준의 다이옥신 오염도를 보였다.[43]

2002년 서울의 녹사평역 주변 지역의 유류오염, 캠프 킴 부지 경계선 인근 지역의 유류오염, 2006년 부산의 미군폐품처리기지DRMO, 2009년 춘천의 캠프 페이지, 2011년 동두천의 캠프 캐슬 등 미군기지의 토양오염 사례는 반복적으로 계속 확인되어 왔다. 전반적으로 미군기지의 오염은 심각한 수준이며 대표적 오염물질인 석유계총탄화수소TPH는 기준치를 수십 배씩 초과하기 일쑤다. 독성 중금속, 발암물질인 벤젠과 트리클로로에틸렌TCE 등 유기용제도 기준치를 수십 배 넘는 경우가 허다하다.[42~46] 유류오염이 심각했던 평택의 한 미군기지 주변 주민은 새어나온 기름이 물 위에 수십 센티미터 이상의 층을 형성해서 그

구분	우려 기준 초과 항목(mg/kg)	최고 농도(mg/kg)	기준치 대비 비율(배)
	석유계총탄화수소(500)	14595.0	29.2
	벤젠(1)	4.7	4.7
2012년 환경 기초 조사	자일렌(15)	53.1	3.5
	납(200)	1226.8	6.1
	구리(150)	620.1	4.1
	아연(300)	737.6	2.5

〈표 1〉 캠프 마켓 주변 지역 (부영공원) 토양오염도

(출처 : 부평 캠프 마켓 주변 지역에 대한 1단계 환경기초조사 보고서)

적용 지역	우려 기준 초과 항목(mg/kg)	최고 농도(mg/kg)	기준치 대비 비율(배)
	석유계총탄화수소(500)	367.0	0.7
1지역 기준 적용 지점	납(200)	5834.1	29.2
	구리(150)	588.4	3.9
	아연(300)	981.9	3.3
	석유계총탄화수소(800)	2990.0	3.7
2지역 기준 적용 지점	납(400)	1189.1	3.0
	구리(500)	893.6	1.8
	아연(600)	783.0	1.3

〈표 2〉 캠프 마켓 DRMO 주변 지역 토양오염도

(출처 : 부평 캠프 마켓 주변 지역에 대한 1단계 환경기초조사 보고서)

독이 되어 돌아온 화학물질

화합물	기준(미국)	깊이별 검출 농도(μg/kg)			
		S1(< 0.5m)	S2(0.5~2m)	S3(2~5m)	S4(> 5m)
α-HCH	77μg/kg	ND	ND~4,880	ND~2.60	ND~0.03
β-HCH	270μg/kg	ND	ND	ND~4.38	ND~0.02
Lindane	520μg/kg	ND~13.5	ND~163,000	ND~1,130	ND~728
δ-HCH	-	ND	ND~0.04 5,360	ND~18.47	ND~0.09
Dieldrin	30μg/kg	ND	ND	ND~0.05	ND
4,4′-DDE	1,400μg/kg	ND	ND~0.03	ND~0.22	ND~0.20
2,4′-DDD	2,000μg/kg (합)	ND	ND~0.04 (10,700)	ND~8.49	ND~1.16
4,4′-DDD		ND			
2,4′-DDT	1,700μg/kg (합)	ND	ND~0.02	ND~0.12	ND~0.04
4,4′-DDT		ND~450	ND~1,110 (2,990)	ND~0.29	ND~0.16
α-Endosulfan	370mg/kg	ND	ND	ND~0.03	ND~0.04

ND : 불검출

〈표 3〉 캠프 캐롤 헬리패드 서쪽 구역 유기염소계 화합물 오염도
(출처 : 캠프 캐롤 한미공동조사 최종 조사 결과 보고서)

를 떠다가 연료로 사용하곤 했다는 경험을 얘기할 정도다.

환경오염은 오염되기 전에 예방하는 것이 가장 좋지만 이미 발생했다면 실태를 제대로 조사해서 오염 원인자가 오염 발생 이전의 상태로 되돌리려는 노력을 기울여야 하는 것이 상식이자 법이다. 그러나 그동안 미군의 태도는 '혈맹'이라고 부르는 관계가 무색하게 2001년에 양해된 'KISE(Known Imminent and Substantial Endangerment to Human Health(알려진 급박하고 실질적인 건강 위험)의 제거(KISE가 성립되기 위한 공식적인 조건은 1) 어떤 시설에서 2) 유해물질이 3) 실제로 누출됐거나 누출의 위험성이 있다는 증거가 있는 경우이다. 그러나 이를 평가하기 위한 상세한 과학적 방법이나 절차는 제시되어 있지 않기 때문에 악용될 여지도 크다) 조항 뒤에 숨어서 무책임과 비협조로 일관했다.

미군은 과거에도 현재에도 빌린 기지를 심각한 수준으로 오염시키고, 오염이 발생한 이후에도 오염을 정화하고 환경을 복구하기 위한 최소한의 사후 수습에도 무책임하다. 기지 내부는 말할 것도 없고, 기지 밖 인접 지역의 오염까지 기지 내의 오염원 때문에 발생한 것이 명백하게 밝혀졌지만 신속하고 적극적으로 오염을 차단하려는 노력을 취하지 않는다. 또한 기지 반환 과정 시 법에 따라 미군이 취한 정화 작업은 부실하기 짝이 없어서 대다수의 미군기지는 반환 후에 우리 정부의 예산으로 정화 작업을 다시 해야 한다. 그렇게 정화 작업을 한 곳이 2011

년까지 16개소이고 거기에 사용된 국방부의 예산이 대략 1,500억 원이다.[47] 물론 정화 비용은 앞으로 더 늘어나서 3,000억 원을 훌쩍 넘을 것으로 예상된다.

미군은 조사에도 비협조적이고, 실태 파악에 필요한 자료의 공개에도 인색하다. 예를 들어 캠프 캐롤은 오래전부터 자체적인 조사를 통해 기지의 토양오염이 심각함을 알고 있었고, 오염이 기지 밖으로 확산될 가능성에도 불구하고 입을 닫고 있어서 문제를 키웠다. 결국 주변 지역까지 오염시켜서 피해를 입혔음에도 실질적인 보상은커녕 도의적인 사과도 기대하기 어렵다. 오염을 합리화시킬 수 있는 나름의 법적 근거와 방패막이를 SOFA(한미행정협정)에 마련해두고 있기 때문이다.

미국의 무책임은 제대로 책임을 묻지 못하는 우리 정부의 소극적인 자세와 맞물려 있다. 오염자에게 책임을 묻지도 못하고 부지를 인수한 뒤 우리의 세금으로 정화 작업을 하며 그나마 정화도 어떻게 하고 있는지 상세히 공개하지 않는다. 최근에는 다섯 개의 미군기지(캠프 호비 사격장, 캠프 이글, 캠프 롱, 부산 DRMO, 캠프 캐슬)를 두고 반환 협상 중 부산 DRMO와 동두천 캠프 캐슬의 토양오염을 아예 우리 정부가 맡아서 정화하기로 미국과 협의하였다.[48] 이는 어렵게 합의한 공동환경평가절차를 무의미하게 만드는 결정이며 나아가서 그동안 환경부가 내세

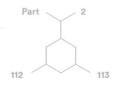

Part 2

112   113

웠던 오염자 부담 원칙을 공개적으로 포기한 것이다. 동시에 인근 주민과 국민에게는 미군 주둔의 필요성을 주장하고 관철시켜놓고는 그 과정에서 발생한 국민의 피해에는 책임을 회피하는 것이다.

미군기지의 오염 문제를 정의롭고 원만하게 해결하기 위해서 제대로 된 조사와 그 결과의 정확한 해석이 필요조건이라면, 그를 근거로 오염의 피해를 입은 주변 지역 주민과 국민을 대표하는 우리 정부와 미군 혹은 미국 정부 간의 합의가 충분조건일 것이다. 원래 환경오염을 둘러싼 갈등은 간단하지 않다. 특히 미군기지 오염은 양국 정부가 내세우는 국방, 외교, 안보 등의 기세에 짓눌려 제대로 된 협상이 더욱 어려울 것이라고 짐작된다.

그동안 우리 정부의 소극성을 참다못해 시민사회단체와 일부 정치인이 SOFA의 개정을 요구하면서 문제 제기를 해온 것은 충분조건을 채우기 위한 노력이다. 2009년부터 새롭게 적용된 공동환경평가절차는 이러한 노력의 한 결실이라 할 수 있다.

이와는 대조적으로, 필요조건이라 할 수 있는 오염 조사가 얼마나 충실하게 이루어지는가에 대해서는 그동안 문제 제기가 없었다. 그러나 그간의 오염 조사에 직간접적으로 참여해온 경험에 비추어보면 오염 조사 자체가 적절하거나 충분히 이루어진다고 보기 어렵다. 또한 조사 결과가 최선의 과학적 지식으로 면밀하게 검토되었다고 보기도 힘들다. 심한 경우 조사 결과를 뒤집는 결론을 내놓기도 한다.

예를 들어 캠프 캐롤에 대한 한미공동조사에서는 이미 예전에 조사해서 오염에 대해 잘 알고 있는 구역의 오염도를 다시 파악하느라 시간과 예산을 소모하는 등 조사의 목적과 범위가 불분명하거나 적절하지 못했다. 매립되었다 하더라도 수십 년 동안 분해되어 지금은 검출되지 않을 고엽제 주성분2,4-D, 2,4,5-T의 검출 여부에 매달리고, 나중에 다시 파내 기지 외부로 반출된 것으로 추정되는 고엽제 드럼통의 발견 여부로 고엽제 매립의 진실을 판단하겠다는 조사 방법도 처음부터 부적절했다. 게다가 표토보다 더 높은 농도로 수 미터 지하에서 발견된 다이옥신은 고엽제의 매립 가능성을 말해주는 증거인데도 불구하고, 단지 농도가 낮다는 이유만으로 매립된 적이 없는 것으로 결론을 내리는 것도 처음부터 매립을 부인하기 위한 의도가 아니었는지 의심스럽다.

2015년 5월 13일, 과거 캠프 마켓에서 맹독성 물질인 PCB를 처리했었다는 미군 기록이 발견되었다는 뉴스가 보도되었다. 이를 미리 알았더라면 2012년과 2013년 두 번에 걸쳐 실시된 캠프 마켓 조사의 내용과 초점이 달라졌을 것이고 좀 더 진전된 조사 결과를 얻었을 것이다. 결국 미군기지 오염 문제를 해결하려면 오염자인 미군이 적극적으로 자료를 공개하거나 우리 정부가 적극적으로 자료를 요구하는 것이

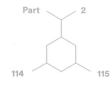

중요하다. 자료의 투명하고 공정한 공개야말로 오염 문제를 해결하고 비용과 시간 등의 사회적 자원을 줄이고 갈등을 최소화시키는 데 중요한 필요조건이다.

지역별 유해 대기오염물질의 농도와 배출 특성

현재 우리나라에서 대기오염을 막기 위해 관리하는 오염물질은 크게 대기 환경 기준에서 정한 오염물질과 그 기준으로 정하지 않은 물질로 나눌 수 있다. 대기 환경 기준에서 관리하는 오염물질은 현재 8개 물질(이산화황, 이산화질소, 일산화탄소, 오존, 납, 벤젠, 미세먼지-PM2.5, PM10)이며 이 물질 중 납과 벤젠을 제외하고 나머지는 2017년 말 기준, 282개의 도시 대기 측정소와 37개의 도로변 대기 측정소에서 연속 측정을 통하여 오염도를 감시하고 있다.[49]

우리가 숨 쉬는 공기 속에는 대기 환경 기준으로 관리하지는 않지만 인체에 매우 해롭거나 대기 관리에서 중요한 180여 개의 오염물질이 더 존재하고 있다. 유해한 대기오염물질에는 폐암과 같은 암을 일으키

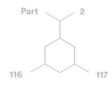

는 것으로 확인된 물질도 많다. 따라서 오염물질의 실태를 파악하기 위해 대기 중금속 측정망, 유해 대기물질 측정망을 설치해 운영하고 있다.

유해 대기물질 측정망은 인구 50만 이상의 대도시와 대규모 공단 지역, 배경 농도 지역(녹지와 농림 지역)에서 운영 중이다. 2017년 말, 도시 지역은 주거 지역 16개소와 상업 지역 3개소, 산업 단지 지역은 공업 지역에 4개소, 녹지 지역과 농림 지역은 각각 5개소, 4개소가 설치되어 총 32개소의 측정소를 운영하고 있다.

현재 이 측정망에서는 대기 농도 수준, 독성 및 발암성 등의 인체 유해도, 측정 용이성 등을 검토하여 휘발성 유기화합물질 14종과 다환 방향족 탄화수소 7종을 측정하고 있다. 2010년부터는 벤젠 농도의 대기 환경 기준 달성 여부를 확인하기 위하여 벤젠 등 유기화합물질 자료는 단계적으로 자동 측정 장비로 전환 중이다.

환경부에서 매년 발간하는 〈대기환경연보〉를 보면 2017년 유해 대기오염물질 중 중요한 유기화합물질의 농도를 확인할 수 있다. 연평균 환경 기준이 5㎍/㎥(1.5ppb)인 벤젠의 연평균 농도는 0.42~4.25㎍/㎥(0.13~1.31ppb)의 분포를 나타내는데 울산 남구 여천동에서 가장 높은 농도를 보인다. 전국 유해 대기 측정소의 벤젠 농도는 연평균 환경 기준을 만족하였다.

톨루엔, m, p-자일렌, 에틸벤젠 등은 유해 대기물질 측정망 대부분의 측정소에서 높게 측정되었다. 오염물질별로 살펴보면 톨루엔의 연평균은 0.19~3.88ppb 수준으로 인천 구월동의 농도가 가장 높았다. m, p-자일렌의 연평균 농도는 0.01~7.21ppb였으며, 에틸벤젠은 0.01~2.26ppb의 농도 범위였는데, 대도시 지역에서 농도가 높았고 울산 여천동의 농도가 가장 높았다. 이 물질들은 인체에는 크게 위험하지 않지만 대기 중에서 오존을 생성하므로 오존이 높게 나타나는 광화학 스모그 상태를 줄이기 위해서 배출 관리가 필요하다.

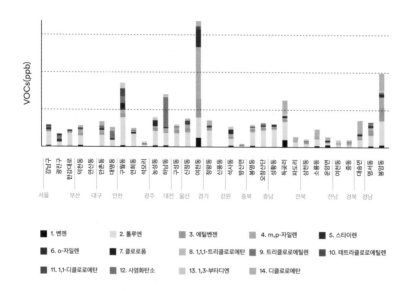

<그림 1> 유해 대기물질 측정소별 연평균 휘발성 유기화합물질 분포(2017년)

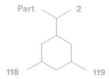

〈그림 1〉과 같이 측정소별로 유기화합물질 농도 합을 살펴보면, 울산 여천동, 경남 봉암동, 인천 구월동, 광주 하남동, 충남 독곶리 순으로 농도가 높게 나타났다.

　　한편 다환 방향족 탄화수소는 2개 이상의 벤젠고리를 갖는 방향족 탄화수소로 발암성 및 유전자 변형성 물질로 알려져 있다. 특히 WHO에서 발암성 물질로 관리하고 있는 벤조(a)피렌의 농도는 0.11~0.65ng/㎥이며 충북 봉명동, 강원 석사동 순으로 높은 농도를 보였다. 〈그림 2〉와 같이 측정소별로 다환 방향족 탄화수소 농도 합을 구해본 결과, 충북 봉명동, 강원 춘천 석사동, 충북 오창산단 순으로 농도가 높게 나타났다.

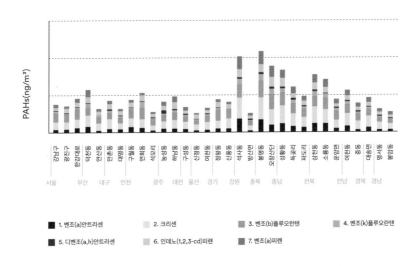

<그림 2> 유해 대기물질 측정소별 연평균 다환 방향족 탄화수소 분포(2017년)

독이 되어 돌아온 화학물질

유해 대기오염물질을 관리하기 위해서는 대기 중의 오염농도 측정과 함께 어디에서 많이 배출되는지를 파악하는 것도 중요하다. 그러나 우리는 유감스럽게도 선진국처럼 유해 대기오염물질의 배출 실태를 전체적으로 파악하지는 못하고 있다.

현재 우리는 자동차 같은 이동 오염원과 대도시 지역의 실태에 대해서는 연구 단계이고, 산업 시설에 대해서는 환경으로 배출되는 화학물질의 양을 파악하고자 하는 경제협력개발기구OECD의 '화학물질 배출·이동량PRTR, Pollutant Release and Transfer Registers'에 근거해 유해화학물질의 배출 실태를 취합하고 있다.50) 즉, 유해 대기오염물질은 공식적으로는 산업 시설에서의 배출량만 파악되고 있다.

2016년 PRTR에 의한 화학물질 배출량 보고서에서는 저장·운반 시설, 제품 제조 공정 및 환경오염 방지 시설 등 16개 화학물질 취급(사용, 제조) 과정에서 216종의 화학물질 57,248톤이 환경으로 직접 배출되었으며 이 중 99.3%가 대기로 배출된 것으로 조사되었다. 2016년 산업 시설의 유해 대기오염 물질별 배출량을 살펴보면 자일렌(29.0%), 톨루엔(15.7%), 아세트산 에틸(9.5%) 순서로 많았다.

지역별로는 〈그림 3〉과 같이 경기, 경남, 울산 등 3개 지역이 전체 배출량의 약 50%를 차지했다. 경기는 배출 업체 수가 많고, 경남은 선

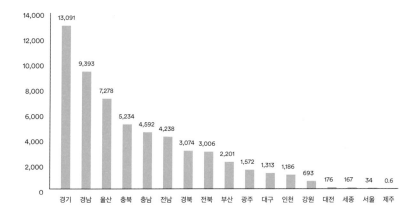

<그림 3> 산업 시설의 유해 대기물질 지역별 배출량(2016)

박 건조업에서 많은 양이 배출되고, 울산은 대규모 산업 단지에서 배출되었다. 경기는 펄프나 자동차 등의 업종에서 용제나 희석제로 사용되는 톨루엔, 아세트산 에틸, 메틸에틸케톤, 자일렌 등이 다량 배출되었고, 경남과 울산 지역은 운송 장비(도장 작업)와 화학물질 및 화학제품 제조 업종에서 취급하는 자일렌, 에틸벤젠, 톨루엔 등의 물질이 다량 배출되었다.

그런데 유해 대기오염물질은 물질에 따라 유해성이 차이가 나기 때문에 물질별 배출량만으로 평가할 수는 없다. 미국 환경청에서 대기 위해성 평가에 사용하는 물질별 발암 가능성에 대한 단위 위해도를 적용하여 PRTR 보고서에 보고된 국내 1급 발암물질 배출량에 대한 지역

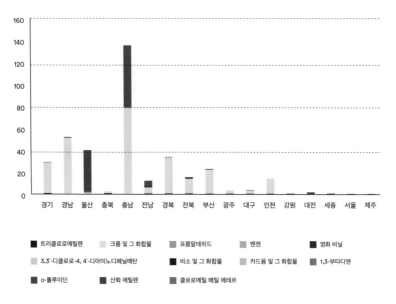

<그림 4> 1급 발암물질 배출량(2016)과 단위 위해도를 고려한 지역별 배출 기여도

별 발암성 배출 기여도를 분석해보았다.[51]

물질별 배출량을 살펴보면(〈그림 3〉) 경기, 경남, 울산 지역 순서로 많이 배출되지만 1급 발암물질 배출량과 물질별 발암 위해도를 고려하면 〈그림 4〉) 충남, 경남, 울산 지역 순서로 위해성 배출 기여도가 크다. 물질별 발암 위해도를 고려해 지역별 배출 특성을 살펴보면 경남, 울산 지역은 배출량도 많고 위해성을 고려한 배출 기여도도 크다. 그러나 충남 지역은 물질별 배출량은 상대적으로 다른 지역보다 적지만 물질별

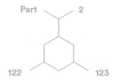

위해성을 고려한 배출 기여도는 다른 지역보다 큰 것을 알 수 있다.

이것은 충남 지역에서 유해성이 큰 화학물질이 많이 배출된다는 것을 의미하므로 배출 관리에 더 많은 관심이 필요하다. 배출 기여도가 높다는 것은 높은 위해도가 나타날 가능성이 높다는 것을 의미한다. 그러나 실제 지역별 농도와 이에 따른 위해도를 평가하기 위해서는 더 많은 측정 자료들이 필요한 상태이다.

유해 대기오염의 관리를 위해서는 다음과 같은 노력이 필요하다.

● 첫째, 유해 대기오염 측정망의 확충

인체 위해성과 측정 용이성 등을 고려하여 유해 대기오염 측정망의 측정 항목과 측정 주기를 늘리는 것도 중요하지만 측정소를 확충하는 것이 더 시급하다. 2017년 말 현재 전국 도시 지역에서 19개소, 특히 공업 지역 4개소에서 유해 대기오염 농도를 측정하고 있지만 오염 실태를 파악하기에는 터무니없이 부족하다. 특히 유해성 배출 기여도가 높을 것으로 추정되는 충남, 경남, 울산 지역은 현재의 측정망으로는 오염 수준을 놓치고 있을 가능성이 있으므로 우선적인 측정망 확충이 필요하다.

● 둘째, 유해 대기오염물질 배출량의 파악

　유해 대기오염물질을 관리하려면 먼저 배출 실태를 파악해야 한다. 현재 산업 시설에 대해서만 PRTR을 통하여 배출 자료를 모으고 있으나 인구가 많은 대도시는 유해 대기오염의 주요 배출원인 이동오염원과 면오염원에 대한 배출 실태 조사가 시급하다.

● 셋째, 국가 대기 위해성 평가의 준비

　유해 대기오염으로 인한 피해를 최소화하기 위해 선진국에서 수행하고 있는 국가 대기 위해성 평가가 우리도 필요하다. 이러한 작업은 단시간에 진행하기 어렵기 때문에 장기적인 기획과 기초 자료 확보를 서둘러야 한다.

　최근 봄과 겨울이면 반복되는 미세먼지 사태에서 볼 수 있듯이 이미 벌어진 상황에서는 대기오염 문제에 대처하는 데 한계가 있다. 대기 환경은 평상시 꾸준히 관리하여 고농도 발생의 강도와 빈도를 줄여나가야 한다. 유해 대기오염 관리의 효율성을 높이기 위해서는 국가 대기 위해성 평가를 통하여 유해 대기오염이 우리의 인체에 어느 정도 위험한지, 어디에서 배출되는 어떤 오염물질이 주요 원인인지 파악하는 것이 중요하다.

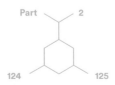

석유화학공단에 지진이 나도 우리는 안전할까

산업 단지(산단)의 잇따른 폭발 사고와 누출 사고로 시민들이 불안하다. 2017년 7월 여수 산단 안 롯데케미칼 제1공장의 폴리프로필렌 저장고(사일로)에서 폭발음과 함께 화재가 발생했다. 2017년 5월 30일에는 여수 산단 한화케미칼 폴리에틸렌 제조 설비에서 갑작스러운 폭발이 일어났고 5월 22일에도 여수 산단 한화케미칼 공장에서 유독물질인 자일렌이 누출됐다. 화학 사고는 폭발이나 화재가 아니더라도 위험물질 사고인 만큼 누출만으로도 돌이킬 수 없는 인명 피해를 불러온다.

2012년 9월 구미 산업 단지 휴브글로벌(LCD 액정 세척제 제조 공장)에서 4톤 정도의 불화수소산(불산) 가스가 누출되면서 노동자 5명이 사망하고 인근 주민 7,162명이 병원 진료를 받는 사고가 발생했다. 2013

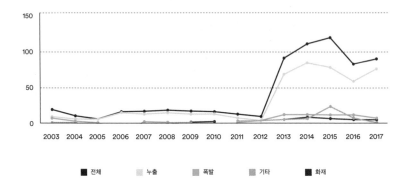

<그림 1> 화학 사고 발생 건수

(출처 : e 나라 지표-화학 사고 발생 건수)

년 1월에는 상주 염산 누출 사고, 삼성반도체 화성 공장 불산 누출로 인한 사망 사고, 2015년 7월에는 울산 한화케미칼 2공장에서 폐수 저장소 폭발 사고로 협력 업체 직원 6명이 사망하는 등 화학 사고로 인한 인명 피해가 이어지고 있다.

우리나라의 화학 산업은 12만 명이 종사하는 생산 규모 세계 5위의 핵심 기간산업이다. 게다가 우리나라 화학 산업은 생산의 효율화를 위해 대규모 산업 단지(울산, 여수, 대산)로 집적화되어 있다. 이런 대규모 화학 산업 단지는 시설이 낡아 누출과 폭발 등의 사고 위험이 매우 큰데도 산업 단지와 인근 주민 거주지가 뒤섞여 있다. 게다가 불과 1~5㎞ 거리에 인구가 100만 명이 넘는 광역시가 있어 작은 화학 사고가 대규모 재난으로 이어질 위험 또한 크다. 1960~1970년대에 조성한 노후한 국가 산업 단지는 지진이나 재난에 대한 대비도 미흡하여 대규모 연쇄 폭발과 화재로 인한 재앙도 기우라고 할 수만은 없다. 200여 명의 사상자를 낸 2015년 톈진 시안화나트륨 폭발 사고*나 1984년 인도 보팔 사고는 더 이상 남의 일이 아니다.

화학 산업만의 문제도 아니다. 톈진 폭발 사고처럼 화학물질 저장소나 화학물질을 이용하는 연관 산업의 폭발 및 누출 사고도 잦아서 화학 산업이 아니라고 안심할 수도 없는 형편이다. 또한 농어촌 지역이나 도시 곳곳에 규제가 미치지 않는 영세 하청 업체나 임가공 업체 같은 소규모 화학물질 사용 업체, 취급소, 저장소 등 크고 작은 위험물 취급 시설이 전국 11만 4,873곳에 분포되어 있다. 화학 단지 인근이 아니더라도 우리 주변 곳곳에 화학 사고의 위험이 지뢰처럼 깔린 것이다.

산업에서 화학 산업이 차지하는 비중이

● 톈진 시안화나트륨 폭발 사고52) — 2015년 8월 12일 중국 톈진항에서 위험물 창고 폭발 사고가 발생했다. 이 사고로 화재 진압을 위해 투입된 소방관이 사망하고 인근 주택 및 주민이 막대한 피해를 입었다. 자료에 의하면 이 사고로 171명이 사망하고 12명이 실종되었으며 700여 명이 부상하고 6,000여 명이 이재민이 되는 것과 같은 인명 피해가 발생했다. 또한 건물 7동 및 자동차 8,000여 대가 전소하였으며, 반경 10km 내에 초속 50~60m의 강력한 폭풍이 발생하여 인근 주민 800여 명 및 1만 7,500여 가구가 막대한 재산 피해를 입었다. 직접적인 사고 피해 외에도 폭발로 인해 컨테이너에 보관 중이던 시안화나트륨 700톤, 질산암모늄 800톤, 질산칼륨 500톤 및 다량의 탄화칼슘이 유출된 것으로 추정되었다. 이 중 시안화나트륨의 경우 인체에 영향을 미치는 독성물질로서 사고 발생 직후 폭발 현장 경계구역 내 29개 수질측정 지점 모든 곳에서 검출되었다. 그중 1곳에서 기준치 28배가 넘는 양이 검출되어 독성물질 유출로 인한 2차적 인명 피해 및 환경적 피해 역시 상당하였다. 8월 18일 사고 뒤 내린 첫 비에서 하얀색 거품 물결이 발생하였으며 비를 맞은 시민들은 가벼운 피부 화상을 입었다. 8월 20일 폭발 현장에서 6km 떨어진 하천에서 물고기 떼가 폐사하였다.

크고 우리나라뿐 아니라 중국 톈진에서도 화학 사고로 인한 인명 사고가 잦아지면서 정부에서도 화학 사고에 대한 대책을 보완했다. 화학 사고를 예방하고 신속하게 대응하기 위해 기존의 '유해화학물질 관리법'을 2015년 '화학물질 관리법(화관법)'으로 개정한 것이다. 개정된 화관법에서는 '장외 영향 평가', '위해 관리 계획', '취급 시설 안전 관리'를 눈여겨봐야 한다.

화학물질 관리법에 따른 '장외 영향 평가'는 2012년 구미 불산 사고 이후 화학 사고로 사업장 외 인근 지역까지 피해가 번지면서 이에 대한 대책 마련을 위해 도입된 정책이다. 기존의 제도는 사고에 대응하는 것에 초점이 맞춰져 인근 지역 및 주민의 안전을 보장하는 데 미흡했다. 또한 산업 단지와 거주 지역 간의 적절한 안전거리가 확보되지 않아 평소에도 주민들이 유해물질에 노출될 뿐 아니라 사고 시 대형 참사로 번질 위험이 있었다. 이를 보완하기 위해 유해화학물질을 취급하는 시설을 설치하거나 운영하려는 사업자는 사업장을 설계할 때부터 주변 지역의 사람이나 환경 등에 미치는 영향을 반영한 장외 영향 평가서를 작성하도록 하고 있다.

'위해 관리 계획'은 사고 대비 물질을 지정 수량 이상 취급하는 사업장에서 취급 물질·시설의 잠재적인 위험성을 평가하고, 화학 사고 발생 시 활용 가능한 비상 대응 체계를 마련하여 피해를 최소화하기 위한 제도다. 이를 위해서 사업장은 화학 사고가 발생할 때 화학 사고 피해를 최소화하기 위한 비상 대응 체계를 5년마다 수립하고 지역 사회에 1년마다 고지하도록 한다. 또 유해화학물질을 취급하는(제조·사용, 저장·보관, 차량 운반, 배관 이송) 시설은 배치 시설과 관리 기준이 '취급 시설 안전 관리' 기준에 적합한지 1년(유해화학물질 영업 허가 대상이 아닌 유해화학물질 취급 시설은 2년)마다 정기검사를 받도록 하고 있다.

그러나 개정된 화관법은 구미 불산 사고 이후 화학 사고를 예방하고 조기 진압하겠다는 목표에서 서둘러 개정했기에 법 시행 이전부터 정책적·기술적 우려가 제기되었다. 사고 예방을 위한다는 장외 영향 평가서를 제출하지 않아도 법적 불이익은 없고 소규모 사업장은 장외 영향 평가서를 자율적으로 제출하도록 하고 있어 꼭 내야 한다는 인식조차 없다. 게다가 장외 영향 평가서나 위해 관리 계획서를 제출해도 심사하는 인력이 부족해 심사가 지연되고 있다. 2015~2016년 장외 영향 평가서 검토와 위해 관리 계획서 심사의 법적 처리 기한(30일) 준수율은 약 19.3%에 불과할 정도다.[53] 인력 보강이나 기술적 준비 없이 시작된 화관법의 실효성을 높이기 위한 특단의 대책이 시급하다.

화관법의 취지를 살리기 위해서는 화학물질 사업장과 인근 주민 거주지의 안전거리를 유지하기 위한 종합적인 산업 단지 재구조화가 필요하다. 정부에서도 2011년부터 노후화된 산업 단지의 재구조화를 위해서 산업 단지 개선 사업을 시행하고 있다. 그러나 이 사업은 산업 단지의 구조 고도화 사업이나 산업체에 편의를 제공하는 것에 주로 초점이 맞춰져 있다. 단순한 화학 사고가 재앙이 되지 않으려면 사업장과 사업장, 사업장과 지역 주민, 사업장과 도시의 안전거리와 안전지대를 확보할 수 있도록 산업 단지를 재구조화하는 일이 시급하다. 하지만 정작 산업 단지 개선 사업에서 이 부분은 소홀히 하고 있다.

최근 지진이 잦아지면서 원전의 내진 성능 보강에 대한 사회적 관심이 커지고 있다. 1960~1970년대에 조성된 화학 단지의 내진 성능을 보강하는 일은 원전의 내진 성능을 보강하는 것만큼이나 중요하다. 화학 시설은 작은 사고로도 연쇄반응을 일으켜 커다란 피해로 이어지는 일이 허다하다. 하물며 수많은 노후 배관과 저장 시설이 있는 화학 산업 밀집 지역에서 지진으로 인해 위해 물질이 연쇄적으로 폭발하고 화재, 누출로 이어질 수 있다는 우려는 상상하기조차 끔찍한 재앙이다.

1984년 인도 보팔에 위치한 유니언카바이드사에서 독성 화학가스가 새어나와 수일 만에 3,500명이 숨지는 참사가 벌어졌다. 유니언카바이드사는 사고 발생 5년 만인 1989년에야 보상금 4억 7,000만 달러를 지불했으며, 2001년 미국의 화학 그룹 다우케미칼에 인수되었다. 보팔의 비극은 아직까지 계속되고 있지만 책임자는 사라졌다. 인도 의

료연구협회는 사고 발생 10년이 지난 1994년까지 사망자만 무려 2만 5,000명, 생존자도 암, 시각 장애와 같은 후유장해를 겪고 있으며 그들의 2세까지도 사고에 따른 유전적 질환으로 고통받고 있다고 말한다. 또한 아직까지도 토양과 지하수 오염으로 주민들의 생존까지 위협받고 있다.[54]

사업장이 이전하거나 철수하더라도 그 지역의 생태적 복원은 오염자인 사업장의 책임이다. 특히 화학 산업은 사업장이 철수하고 나서 그로 인한 오염을 복원하는 일이 지역의 부담으로 남지 않도록 예방 조처가 필요하다. 사업장이 사고나 경영의 문제로 파산하고 나면 아무것도 책임지지 않고 그 부담은 오염에 시달렸던 지역이 고스란히 떠안을 수밖에 없기 때문이다. 따라서 장외 환경 영향 평가에는 공장 철수 후의 환경 복원에 대한 책임과 그에 따른 재정 확보 방안까지 포함되어야 한다.

화학 사고는 예방이 최선이지만 안타깝게도 사고를 완벽하게 방지하는 일은 불가능하다. 만약 사고가 일어났다면 수습 시간이 늦어지면 늦어질수록 피해는 기하급수적으로 불어난다. 다른 사고도 마찬가지지만 화학 사고는 빠른 대처가 최우선 과제다. 이를 위해 평상시에 사고를 예상하고 대처하는 계획과 훈련이 필요하다. 이것을 제도화한 것이 위해 관리 계획이다.

사고를 수습하고 피해를 줄이기 위해서는 사업장, 소방청, 지방자치 단체뿐 아니라 인근 주민의 협조가 필요하다. 이를 위해서 위해 관리 계획에서는 소방청과 지역 주민에게 정보를 공개하도록 하고 있다. 그러나 사업상의 기밀이라는 이유로 사고 수습을 담당하는 소방청에도 취급 물질을 제대로 공개하지 않는 일이 빈번하다. 소방청뿐 아니라 지역 주민에게도 정보를 공유하는 것이 사고 수습을 위한 유해물질 취급 사업장의 최소한의 의무다. 사고의 예상 피해자에게 최소한의 정보도 공개하지 않고 공유하지 않은 사고 수습책은 아무 소용이 없다.

유해물질을 취급하는 사업장은 가동 중에도 크고 작은 누출 사고로 지역 주민과 지역 환경을 위협한다. 지역 주민은 폭발, 화재, 대규모 누출 등 각종 사고에 대한 불안을 늘 안고 살아야 한다. 하지만 사업장이 폐쇄되었다고 환경오염과 건강에 미치는 피해에서 벗어날 수 있는 것도 아니다. 이전이나 파산 등으로 사업장이 폐쇄된 후에도 토양오염과 지하수오염과 같은 환경오염을 남긴다. 사업장을 통해 사업자는 이익을 챙기지만 환경오염과 정화 부담은 그 지역에 고스란히 남게 된다.

이제는 진부하게 느껴지는, 그러나 한 번도 제대로 시행된 적 없는 '오염자 부담 원칙'에 따라 사업장 철수 후 오염을 정화하는 데 드는 비용이 지역에 전가되지 않도록 사업장이 운영되는 동안 환경 복원 비용

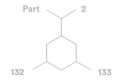

을 적립하는 방안을 강구해야 한다. 그것이 '환경오염 유발 행위자가 오염을 방지하고 제거하기 위한 비용을 부담해야 한다'는, 국제사회가 환경오염의 책임 소재에 관한 제1원칙으로 내세우는 '오염자 부담 원칙'이다.

3장.

죽거나 떨들지 않을 권리

유해화학물질은
어떻게 우리 몸에 들어오는가

우리는 유해화학물질이 넘쳐나는 사회에서 살고 있다. 유해화학물질에 관심이 없는 사람들조차 어떤 물질 이름들은 알 만큼 피해 사례도 넘친다. 사실 뉴스에서 보도되는 피해 사례들만 눈여겨봐도 유해화학물질이 어떻게 우리 몸으로 들어오는지 알 수 있다.

첫째, 가장 뚜렷하게 눈에 띄는 것은 사고다. 유해화학물질의 누출, 폭발, 화재 등 사고로 인해 작업자뿐만 아니라 인근 지역의 시민까지 큰 피해를 입게 된다. 지난 5년간의 국내 누출 사고 중 아주 일부만 열거해보자. 전 국민을 불안하게 했던 2012년 구미 불산 사고, 2013년 웅진폴리실리콘공장 염산, 삼성전자 불산용액, 삼성정밀화학의 염소가스, 2013년과 2014년의 SK하이닉스의 염소가스, 2015년 오창산단 내 유독가스, 이수화학 불산, 파주 LG디스플레이의 질소, 2016년 고려아연 온산제련소 황산, 구미 이코니 화학물질, 금산 램테크놀러지의 불산, 2017년 SK하이닉스 감광액 누출과 한화케미칼 자일렌 누출 등 알려진 누출 사고만도 일일이 열거할 수 없을 정도로 많다. 폭발 사고 역시 2017년 한 해에 대한유화 온산공장, 에스오일 RUC 프로젝트 현장, 롯데케미칼 울산 1공장, STX조선 탱크, 환화케미칼 여수 1공장 등 여러 사업장에서 다수 발생했다.

보고 의무 규정을 어기면서 사고를 감추려 한다는 점을 고려하면 실제 사고 발생 횟수는 더 많을 것이다. 이처럼 지속적으로 발생하는 사고로 인해 많은 인명 피해와 재산 피해를 겪었다. 2016년 울산 시민을 대상으로 한 여론조사에서 사회적 재난 중 방사능과 유해화학물질 사고로 인한 피해가 가장 걱정된다는 결과[1]는 사업장이 밀집한 공단 주변 지역 주민들의 불안함을 잘 보여준다.

둘째, 사고 못지않게 자주 접하는 소식이 유해화학물질을 사용하는 산업체의 작업장에서 일하는 작업자들에게 미치는 건강 피해다. 작업장 내 사고도 문제지만 사고와 관계없이 평소의 작업 조건에서 이루어지는 지속적인 화학물질 노출로 인한 피해는 더 심각한 문제다. 괜찮다고 생각하던 작업환경에서 발생하는 문제는 피해가 일어나야 비로소 깨닫기 때문이다. 대표적인 예가 삼성 계열 회사(전자, 전기, 반도체, 디스플레이)를 필두로 SK하이닉스, LG디스플레이 등과 그 하청 회사를 포함한 전자와 반도체 사업장에서 일어나는 피해다.

반도체 노동자의 건강과 인권 지킴이 '반올림'에 따르면, 2017년 작업자들이 신청한 산업재해 질병의 종류는 백혈병이 22명으로 가장 많으며, 유방암 12명, 비호지킨 림프종 10명, 뇌종양 9명, 폐암 6명, 재생불량성빈혈 5명, 다발성경화증 4명 등 알려진 피해 사례만 봐도 상황이 심각하다. 2007년부터 10년 동안 사망자만도 144명에 이르며 이 가운데 삼성 계열사에서 일하던 작업자의 사망만도 118명으로 전체의 80%에 이른다고 한다.[2]

그 밖에 다른 피해 사례도 넘친다. 2004년 경기도 화성의 디스플레이LCD, DVD 부품 사업장에서 일하던 태국 노동자 8명의 하반신이 마비됐고, 2006년 경기도 광주와 부천, 구미의 반도체 하청 기업에서 일하던 이주 노동자들이 사망하기도 했다. 2016년에는 삼성과 LG 등의 하청 업체에서 메탄올 중독 사고가 반복되어 많은 작업자들이 의식불명, 중추신경계 장애, 실명 위기를 겪었다.[3~5] 얼핏 이런 작업환경에서 일하는 작업자만 피해를 본다고 생각하겠지만 작업장에서 사용되는 유해 화학물질은 이동이나 사고를 통해서 외부로 누출되고 소비 제품의 원

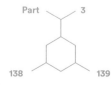

료나 불순물을 통해 결국은 일반 시민에게도 언제든 영향을 미칠 수 있다. 따라서 이것은 작업자들만의 문제가 아니다.

셋째, 사고의 인접 지역이나 유해물질 작업장이 아니더라도 유해화학물질의 위협에서 자유로운 것은 절대 아니다. 사업장의 '정상적' 조업이나 시민의 일상생활에서 부산물로 생성되는 환경오염물질도 유해화학물질이다. 공장의 굴뚝이나 폐수에서는 많은 오염물질이 배출되며 법적 기준치 이내라고 해도 안심할 수만은 없다. 하물며 법적 규제가 있어도 배출 규제치를 넘기는 경우가 다반사이고 오염물질을 불법 방류한다는 뉴스를 종종 접하는 것이 현실이다. 멀리는 1991년 두산전자의 낙동강 페놀 불법 방류®가 아직도 기억에 생생하며 최근에는 소각장 다이옥신 배출량이나 배출 농도를 조작한 사례도 있었다.

● 구미공업단지 안의 두산전자가 1991년 3월과 4월 두 차례에 걸쳐 페놀을 각각 30여 톤, 1.3톤을 불법적으로 낙동강에 방류한 사건. 대구 지역 다사 상수취수장으로 유입된 페놀은 유독성물질인 클로로페놀로 바뀌면서 가정의 상수에서 세계보건기구 허용치의 백 배가 넘는 농도가 관측됐다.

또한 환경에 유입되는 유해화학물질 가운데 법적 규제 대상이 되는 것은 극히 일부분에 불과하다. 엄청나게 많은 수의 유해물질은 규제되지 않고 있으며 환경오염 수준도 제대로 알지 못한다. 우리가 타고 다니는 자동차만 해도 발암물질을 포함하여 많은 유해화학물질을 배출하는데, 각각의 자동차가 정기검사를 통과하더라도 수백 만 대의 자동차가 내뿜는 유해화학물질이 초래할 악영향을 예방하는 것은 거의 불가능하다. 장소에 따라 정도의 차이는 있겠지만 우리는 유해화학물질이 섞여 있는 오염된 환경의 공기와 물을 들이켜며 살 수밖에 없는 것이다.

넷째, 우리는 유해화학물질이 함유된 수많은 소비 제품을 소비하면서 입과 코, 피부를 통해 직접적으로, 혹은 폐기된 제품들로 인해 오염된 환경을 통해서 유해화학물질을 몸 안으로 흡수한다. 엄청난 사상자를 초래하여 전국을 충격에 빠뜨린 가습기 살균제는 호흡기를 통해 몸 안으로 들어온 경우다.

그러나 대부분의 소비 제품에 들어 있는 화학물질은 그 수가 너무 많아서 소비자가 어떤 제품에 어떤 유해화학물질이 들어 있는지 일일이 알기 어렵다. 또 그 유해화학물질이 우리 건강에 어떤 위협이 되는지 정확히 알기란 사실상 불가능하다. 어찌 보면 화학물질이 들어 있지 않은 식품이나 소비 제품을 찾는 것이 더 쉬울 것이다. 식품 속의 보존제, 감미료, 발색제, 농약 등과 집이나 사무실, 교실의 내장재와 소파, 침대, 옷장, 책상 등 가구, 옷, 플라스틱 용기와 랩, 젖병, 장난감, 가전제품과 컴퓨터에 들어 있는 환경호르몬, 주방, 화장실, 욕실용 각종 세제, 화장품, 샴푸, 방향제, 기저귀와 생리대의 유해물질, 모기약과 해충 박멸제,

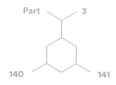

살균제, 프라이팬 코팅, 건강 보조제와 의약품 등 의식주를 위한 거의 모든 소비 제품과 생활환경에 화학물질이 숨어 있다.

2005~2014년 사이에 실시한 미국 질병관리센터의 조사 결과에 따르면[6] 영·유아 포함 모든 연령대의 미국인들 몸속에서 총 650여 종 이상의 화학물질이 검출되었다. 이 결과는 나이, 직업 여하, 직위 고하를 막론하고 누구든 매일 많은 수의 화학물질과 접촉하며 섭취할 수밖에 없다는 것을 보여준다. 이렇게 많은 화학물질이 모두 해롭다고 단정할 수는 없지만 해롭지 않다고 단정하기는 더 어렵다. 특히 여러 물질이 한꺼번에 섞여 있을 경우 어떤 질병을 얼마나 일으킬지 알 수 없다. 가습기 살균제와 달리 대부분의 소비 제품에 포함된 화학물질은 장기간의 노출로 인한 만성적 질병을 초래하기 때문에 그 위해성을 알아내기가 어렵다.

아직 정확하게 모른다고는 해도 유해화학물질 혹은 화학물질의 유해성 때문에 사람과 생태계의 건강이 위협을 받고 있다는 사실 자체는 경험적으로나 과학적으로 널리 인정되고 있다. 2016년 세계보건기구의 추산에 따르면[7] 건강하지 않은 생활과 작업환경으로 인한 사망자 수가 2012년에만 1,260만 명에 이른다. 여기에는 기후변화나 자외선 노출 등으로 사망한 수도 포함되어 있지만 유해물질로 인한 대기와 실내 공기, 물, 토양 등의 오염과 화학물질에 대한 노출 등으로 최소 820만 명이 넘는 사망자를 초래하는 것으로 추정하고 있다. 한 해에 무려 1,000만 명에 가까운 사망자가 발생하는 것이다.

가습기 살균제 참사를
다시 살펴보아야 하는 이유

최근에는 뜸하지만 한 해가 지나가기 전 '올해의 10대 환경 사건'을 선정하던 적이 있었다. 우리는 그동안 두산전자 페놀 불법 방류 사건(1991년), 러시아 핵폐기물 동해 투기(1993년), 영월 동강댐 건설 반대(1998년), 삼성-허베이 스피릿호 기름 유출 사고(2007년), 일본 후쿠시마 원전사고(2011년) 등 큰 사건들을 겪으며 살아왔다.

지금 이 글을 읽는 이가 생각하는 최근의 가장 큰 환경 사건은 무엇인가? 환경보건시민센터는 2015년 우리나라 사람이 가장 중요하게 생각한 환경 뉴스로 국내는 '가습기 살균제 사태 미해결', 국제는 '폴크스바겐 배출가스 조작'을 선정하였다. 조사에 참여한 전국 성인 남녀 1,000명 중 15.8%가 '가습기 살균제 피해 문제 미해결 및 사망자 증가에 따른 항의 활동'을 가장 중요한 환경 뉴스로 뽑은 것이다.

　임신부와 영·유아의 잇단 사망으로 2011년 즈음하여 본격적으로 알려진 가습기 살균제 사태는 여전히 현재 진행형이다. 보다 정확하게 말하자면 1994년 유공(현 SK케미칼)이 세계 최초로 가습기 살균제를 개발한 이후, 첫 사망자는 일찍이 1995년에 발생하였다. 적어도 2006년부터는 국내 의학계에서 이 '원인 미상'의 소아 사망 사고에 대해 인지하고 있었다.

　2011년 질병관리본부의 역학조사가 시작된 지 7년이 지난 현재까지 가습기 살균제 사태는 우리 사회가 유해화학물질이 주는 위험에 대처하는 수준을 그대로 보여주었다. 지난 2018년 12월에 열린 '제11차 가습기 살균제 피해구제위원회'에서 추가로 인정된 122명을 포함하면 가습기 살균제 피해자로 인정되어 정부 지원을 받게 된 경우는 총 798명이고, 이 중 절반가량이 사망자이다.

　2017년 환경독성보건학회와 환경부가 수행한 연구에서 드러난 것처럼 보다 심각한 문제는 가습기 살균제 사용자가 전국적으로 400만 명에 이르는 것으로 예상된다는 점이다. 1994년 이후 17년간 40여 개의 가습기 살균제가 만들어져 약 1천만 개 판매되었고, 가습기 살균제 사용 후 병원 치료를 받은 경험이 있는 사람만 약 30~50만 명에 이른

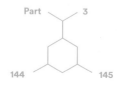

다. 거기에 비하면 현재까지 건강 피해를 신고하거나 피해자로 확인받은 경우는 매우 제한적이다. 이들 중에는 증상이 경미해 아직은 피해 사실을 모른 채 넘어가지만 시간이 경과하여 증상이 나타나는 잠재적 피해자가 있을 수 있다.

2018년 12월 현재 폐질환 건강 피해로 접수된 6,246명 중 가습기 살균제 사용으로 인한 피해가 거의 확실하거나 가능성이 높아 정부 지원금 대상이 된 경우는 468명(7.5%)에 지나지 않는다. 접수된 가습기 살균제 피해자를 조사하여 4단계로 판정하고, 이 중 피해 원인이 보다 명확하게 확인된 1~2단계만 폐 손상 관련 의료비 일부 등 정부 지원금 대상이 된 것이다. 안타까운 것은 폐질환 건강 피해로 정부 지원 대상이 된 이들 중 205명은 이미 사망했다는 점이다. 2011년 이 사건이 알려졌지만 정작 정부와 제조·판매사는 피해 신고를 받거나 건강 피해 조사를 제대로 하지 않았고, 2015년 10월에야 해당 업체에 대한 압수 수색이 이루어졌다.

이렇게 많은 사람들이 죽거나 고통 속에 살아가는데 정부의 지원이나 해당 기업의 배상이 무슨 의미가 있는가라고 생각할 수 있고, 원칙적으로는 그럴지도 모른다. 하지만 치료비와 소송비 등이 부담스러운 가습기 살균제 피해자와 가족을 생각하면 간단한 문제는 아니다. 수많은 사람이 생명을 잃고 고통받는 상황에서도 2016년 이전까지 가습기 살균제 제조·판매사들이 받은 처벌은 허위 과장 광고로 인한 과징금 5,000여만 원이 전부였다.

가습기 살균제 제조·판매업체 15곳 가운데 옥시레킷벤키저, 홈플러스, 롯데마트 등 8개 회사의 대표가 기소되었지만, 지난 2018년 1월에야 업무상 과실치사상 혐의로 전 옥시레킷벤키저 대표이사 등이 처음으로 처벌을 받게 되었다. 2011년 가습기 살균제 피해가 본격적으로 불거진 이후 7년 만에 판결이 확정된 것이다. 이들 업체는 가습기 살균제 안에 인체 유해성이 의심되는 물질이 있다는 사실을 확인하고도 제조·판매한 혐의를 받았다. 사람을 숨지게 할 의도는 없었다고 보아 살인 혐의는 적용되지 않았지만, 가습기에 이용했을 때 나타날 독성물질의 위험성을 모르지 않았다는 점은 확인된 것이다. 우리 사회의 관심을 바탕으로 최근에서야 옥시레킷벤키저는 피해자 배상에 나서고 있다. 2017년 674억 원을 정부에 피해 구제 분담금으로 납부하였고, 2018년 8월까지 개별 피해자 배상에 약 1,450억 원을 지출한 것이다.

가습기 살균제에 포함된 폴리헥사메틸렌구아니딘PHMG과 염화에톡시에틸구아니딘PGH은 살균제나 부패 방지제로 사용되는 구아니딘 계열의 화학물질이다. 이 물질들은 피부 독성과 경구 독성(입으로 인체에 들어가 생체 기능이나 기관 등에 미치는 독성)이 다른 살균제보다 상대적으

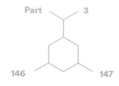

로 낮고 살균력이 뛰어나며 특히 물에 잘 녹아 가습기 살균제로 쓰이게 된 것이다. 샴푸 등에 첨가되기도 하였는데, 동물실험에서는 심혈관 급성독성, 피부세포 노화 촉진 등이 밝혀져 추가 피해가 발생할 수도 있다.

그럼 어떻게 이런 물질이 가습기 살균제로 사용되도록 허가를 받았을까? 2015년 9월 당시 장하나 의원은 정부가 가습기 살균제에 대한 '화학물질 유해성 심사 신청'을 잘못 이해해 경구 독성만 심사하는 바람에 피해를 막지 못했다고 밝혔다.[8]

제조사가 제출한 '화학물질 유해성 심사 신청서'를 바탕으로 염화에톡시에틸구아니딘의 경구 독성만 심사하고, 가습기 살균제에 사용된 것처럼 제품에 첨가되어 분무 형태로 폐에 흡입되거나 피부에 닿을 수 있다는 사실을 놓쳐 흡입·피부 독성 평가를 하지 않은 것이다. 흡입 노출이 이뤄질 수 있다는 내용이 있었지만 흡입 독성 평가를 하지 않고 이 물질의 사용을 허가한 셈이다.

염화에톡시에틸구아니딘은 익숙하지 않지만 위험한 화학물질 중에 이러한 염소 화합물은 드물지 않다. 쓰레기 소각장 등에서 나오는 다이옥신, 페놀 불법 방류 사건에서 발생한 발암물질 클로로페놀 등도 염소가 포함된 유독성 물질이다. 흔히 낙동강 페놀 유출 사건으로 부르는 1991년 '두산전자 페놀 불법 방류 사건'의 경우, 불법 방류된 페놀과 수돗물의 소독제인 염소가 반응하여 클로로페놀이라는 발암물질을 만들어냈다. 락스와 유사한 냄새가 나는 클로로페놀은 악취 발생뿐만 아니라 중추신경 장애를 유발하기도 하며 구토와 경련 등 급성중독을 일으키는 발암물질이다.

가습기 살균제 사태가 발생하기까지 무책임한 기업과 화학물질 관리에 실패한 우리 정부의 책임이 있다. 그러나 소비자들은 기업과 정부가 책임을 질 때까지 마냥 기다릴 수만은 없다. 이제 우리 시민들은 어떻게 하면 될까?

지금은 판매되고 있지 않지만 당시 가습기 살균제 시장에서 가장 인기를 끈 제품인 '옥시싹싹 뉴가습기당번'은 옥시레킷벤키저사가 제조·판매하였다. 그런데 이 회사는 자사 제품이 어린이와 임산부를 죽게 만들었다는 우리 정부의 조사 결과를 부정하고 곰팡이나 레지오넬라균 등 다른 원인에 의한 사망일 수 있다고 주장하였다. 진정한 사과를 거부하면서 말이다.

이 업체는 세탁 표백제 '옥시크린'과 습기 제거제인 '물먹는 하마' 브랜드로 소비자들에게 매우 친숙한 국내 업체였으나 외환 위기 직후 세계적인 생활용품 기업인 영국의 레킷벤키저에 매각되고 회사 이름을 옥시레킷벤키저로 변경하였다. 이후 옥시의 브랜드 효과에 막강한

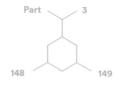

자금력을 더하여 살균제, 세제, 탈취제 등 국내 생활화학용품 시장에서 높은 점유율을 보였다.

옥시레킷벤키저가 국내에서 판매한 제품은 매우 다양하다. 대부분의 소비자가 한 번 이상 사용했을 제품들이다. 옥시크린, 옥시싹싹 등의 표백제나 세제뿐만 아니라 물먹는 하마 등 하마란 이름이 들어간 제품, 손 세정제인 데톨 등이 그러하다. 그 외 '스트렙실', '개비스콘' 같은 기관지·소화기계 질환 치료제에서도 입지가 있다.

가습기 살균제 피해자와 가족 모임에서 가장 많은 피해를 발생시킨 제품을 제조·판매한 옥시레킷벤키저 영국 본사를 상대로 국제 소송을 제기하겠다고 나선 적이 있다. 하지만 옥시레킷벤키저를 포함한 제조·판매사들은 어린이를 포함한 수많은 생명이 죽은 상황에서도 진정한 사과를 하지 않은 채 발뺌만 하며 오랜 시간을 보냈다. 책임 있는 자세를 요청한 목소리에 왜 그들은 귀 기울이지 않았던 것일까? 어쩌면 그 이유 중 하나는 우리 사회 구성원들이 여전히 그 회사의 충실한 소비자였기 때문일 것이다.

작은 예를 하나 들어보자. 2013년 10월부터 2014년 초까지 인터넷 포털 다음의 아고라 청원 광장에 "살인 기업(가습기 살균제) 옥시레킷벤키저 불매운동 해야 합니다"라는 제목의 서명이 시작되었다. 당시 이

옥시레킷벤키저 불매운동
살인기업(가습기 살균제) 옥시레킷벤키저 불매운동 해야합니다

현재 서명인원 **1,049** 명

서명목표 5,000,000명 │ 마감 되었습니다

0% 달성

발의 13.10.15

마감 14.04.14

<그림 1> 다음 아고라 '옥시레킷벤키저 불매운동' 청원 결과 (2015년 12월 22일 화면)

청원에 2014년 2월 10일까지 1,000여 명만이 서명에 참여하였다고 한 온라인 매체가 보도하기도 하였다.[9] 해당 온라인 서명은 500만 명의 서명을 목표로 2014년 4월 14일까지 이어졌으나 1,049명에 그치고 말았다. 2014년 11월부터 시작한 "가습기 살균제 참사 책임지지 않는 기업과 정부에게 책임을 물읍시다"라는 서명 캠페인에는 단 15명이 참여했다.

다행히도 2016년 이후 가습기 살균제 사태는 이전과 다르게 전개되었다. 여전히 속 시원하게 해결되지는 않았으나 사회적 관심이나 논의 수준이 그 이전과 상당히 변화한 것은 분명했다. 2016년 여름 즈음에는 해당 기업에 대한 불매운동이 거세게 일어났고, 수년간 모르쇠로 버티던 기업들도 검찰 조사에 앞서 고개를 숙이기도 하였다. 그리고 뒤늦게나마 국가의 지원과 기업의 배상이라는 최소한의 장치를 갖추게 되

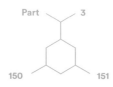

었다.

우리는 함께 살아가는 이 환경에서 고통받는 이들의 목소리에 보다 귀를 기울여야 한다. 우리가 사용하는 석유가 쏟아져 피해를 입은 태안 주민, 우리가 사용하는 전기를 나르는 송전탑으로 피해를 보는 밀양 주민, 그리고 우리 사회의 무관심으로 고통받은 가습기 살균제 피해자에게 귀 기울여야 한다. 이런 점에서 가습기 살균제 참사가 발생했을 때부터 지금까지 피해자들과 함께 활동해온 환경보건시민센터에 무척 고마운 마음이 든다. 특히 우리나라에서 일어난 환경 사건에 대해 상당한 기간 동안 해당 문제를 붙잡고 끈질기게 다루는 시민단체나 환경단체가 그다지 많지 않은 것이 현실이기에 더욱 그렇다.

가습기 살균제로 인한 비극은 언제 끝나게 될까? 시간이 흘러 우리의 기억에서 사라질 때쯤이면 더는 유해화학물질로 인해 고통받는 사람이 생기지 않을까? 지금 우리가 사용하고 있는, 국가로부터 허가받은 물질은 모두 안전한가? 가습기 살균제를 적어도 400만 명이 사용했다는데, 나와 내 가족에게 나중에 그 피해가 나타나면 어떻게 해야 하나?

나와 내 가족은 가습기 살균제를 사용하지 않았다고 안도하기에는 우리가 살아가는 사회가 너무 위험하다. 가습기 살균제 사태와 같은 일이 언제 다시 생겨도 전혀 이상하게 느껴지지 않을 정도이다. 우리는 이 일이 어떻게 생겨났는지, 어떻게 해야 이런 일이 다시 생기지 않을지 곰곰이 돌아보아야 한다. 비극적인 사고는 한 번으로도 충분하기 때문이다.

수년 전 타계한 프랑스 레지스탕스의 베테랑이자 세계 인권 선언의 주역인 스테판 에셀이 자신의 책《분노하라》에서 강조하였듯이 무관심이야말로 최악의 태도이고 지금이 바로 분노하고 행동할 때일 것이다.

"우리의 젊은이들에게 오로지 대량 소비, 약자에 대한 멸시, 문화에 대한 경시, 일반화된 망각증, 만인의 만인에 대한 지나친 경쟁만을 앞날의 지평으로 제시"하는 그 모든 것에 맞서는 "진정한 평화적 봉기"를.

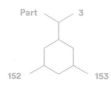

제2의 가습기 살균제 참사를 막으려면

가습기 살균제 참사 문제를 해결하기 위해서 꼭 필요한 일은 사고 책임자를 분명히 가려내 배상과 처벌 등 응분의 책임을 지도록 만드는 것이다. 또한 사고의 이유를 정확히 파악하여 재발 방지에 필요한 제도를 도입해야 한다. 이때 문제를 해결하기 위해 책임자를 가려내고 피해를 구제하기 위한 정치권과 검찰의 역할은 필수적이다. 또한 법적 혹은 과학적 분야의 전문가들도 중요한 역할을 해야 한다. 가습기 살균제 참사에서 이들은 어떤 역할을 했을까? 또한 수천 명의 사상자를 내고 난 후에 어떤 변화가 있었을까?

2011년부터 가습기 살균제로 인한 피해가 심각한 사회문제가 되자

2013년 더불어민주당(당시 민주통합당)과 정의당이 '가습기 살균제의 흡입 독성 화학물질에 의한 피해 구제에 관한 법률'을 비롯한 총 4건의 관련 법안을 발의했다. 이들 법안에는 환경부 내 피해대책위원회 설치, 구제 급여 지급, 재원 확보를 위한 피해구제기금 설치 등의 내용이 담겨 있었다. 그러나 여야 간 이견으로 이후 3년 동안 본회의로 넘어가지 못했는데 당시 정부와 새누리당이 예산을 이유로 강하게 반대했기 때문이다. 특히 새누리당 환경노동위원회 위원들은 가습기 살균제 피해를 '교통사고'에 빗대 형평성 문제를 제기했고 "특별법 제정에 대해 정부 입장이 정리되지 않았다"거나 "검찰 수사가 진행 중이다"라며 계속 반대했다.

그러나 이 문제의 여파가 급속히 커지자 2016년 5월 새누리당도 갑자기 입장을 바꿔 적극적으로 가습기 살균제 참사의 진상 규명과 피해 보상에 나섰다. 이에 따라 2016년 5월, 여야는 이 문제를 20대 국회의 최우선 논의 과제로 정하고 6월에는 국정조사를 실시키로 결정했다. 국정조사 이후 '가습기 살균제 피해 구제법' 제정안이 2017년 1월 임시국회 마지막 날 통과됐다. 2011년 정부가 가습기 살균제로 인한 피해 발생을 인정한 지 무려 6년 만이다. 그러나 피해자들이 요구했던 징벌적 손해배상제 조항은 여기에 포함되지 않았다.

2013년 4~5월 더불어민주당과 정의당의 관련 법안 발의로 가습기

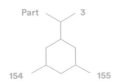

살균제 피해 구제가 좀 더 속히 시작될 수 있었음에도 불구하고 국가의 책임을 무시한 정부와 새누리당의 반대로 적극적인 구제가 3년 이상 지체된 것은 피해자들의 고통을 배가시키는 짓이었다. 더욱이 이 과정에서 세월호 사고 때와 마찬가지로 피해자들의 고통을 달래주지는 못할망정 "교통사고" 운운하며 피해자를 "염치없는" 가해자로 둔갑시켜 공분을 샀다.

이 참사의 수습 과정에서 전문가들이 어떤 역할을 했는지 돌아볼 필요가 있다. 옥시의 변호를 맡은 김앤장은 옥시에 불리한 실험 결과를 제외시키고 의견서를 법정에 제출했다는 강한 의혹을 받고 있다. 만일 불리한 내용을 통째로 빼는 등 적극적 조작에 가담했다면 도덕적 비난뿐만 아니라 증거 인멸 교사에 해당될 수도 있다는 의견이 있다. 그런데도 특별히 놀랍지 않은 것은 변호사는 승소를 위해 무슨 짓이든 한다는 세간에 널리 알려진 이야기에 우리가 익숙하기 때문일 것이다.

반면 대학교수, 그것도 '과학자'인 대학교수에게 기대하는 것은 좀 달랐으나 결과는 비슷했다. 가습기 살균제의 유해성을 밝힌 한국역학회나 서울대의 백도명 교수처럼 이 문제를 해결하기 위해 할 일을 한 전문가도 있다. 하지만 옥시에서 조사를 의뢰한 대학의 연구실에서 했던 독성 실험은 옥시에 불리한 실험결과를 조작했다는 혐의로 재판 중이다. 이들이 실험에 필요한 돈 외에도 거액의 자문료를 지급 받았다는 사실이 그런 혐의를 더 키웠기 때문이다.

　돈 주는 이가 원하는 결과를 과학의 이름으로 포장하여 내놓는 것을 청부 과학이라 한다. 사실 돈이나 권력을 위해서 기꺼이 청부 과학자의 역할을 하는 부도덕한 전문가가 매우 많다. '과학'이나 '과학자' 혹은 '전문가'란 이름을 그저 믿어서는 안 된다는 점이 이번 사고에서 다시 한 번 분명하게 드러났다.

　이번에는 책임자 처벌에 관한 검찰의 대응과 법원의 판결을 살펴보자. 검찰은 피해자들의 고소에 대해 독성 확인이나 역학 조사 결과가 필요하다는 점을 들어 3년이나 미적거리다 엄청난 피해 규모가 드러난 2016년에야 비로소 특별수사팀을 꾸려 기업들의 책임을 조사하기 시작했다. 수사 결과 가습기 살균제 사망 사건의 주요 책임자인 옥시 신현우 전 대표와 옥시 연구소 관계자 2인이 업무상 과실치사 및 과실치상, 표시·광고의 공정화에 관한 법률 위반 등 혐의로 2016년 5월 말에 재판에 넘겨졌다. 또 허위 광고 행위로 옥시와 버터플라이이펙트 2곳을 법정 최고형인 벌금 1억 5천만 원에 각각 약식 기소했다. 검찰은 이러한 행위가 단순 허위·과장 광고 수준을 넘어 소비자들을 속인 것이라고 보고 향후 사기죄를 추가할 방침이다. 더불어 2001~2011년 동

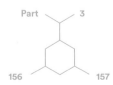

안 가습기 살균제 판매로 거둬들인 수익이 50억 원 이상으로 추산된 옥시는 사기범죄액이 확정되는 대로 특정경제범죄가중처벌법상 사기 혐의로 추가 기소할 계획이다.

검찰의 기소 결과 2017년 1월 1심에서 신현우 전 대표에게 징역 7년의 실형이 선고됐다. 더불어 노병용 전 롯데마트 대표와 김원회 전 홈플러스 그로서리 매입 본부장에게는 각각 금고 4년과 징역 5년이 선고됐다. 2011년 정부가 폐 손상 원인으로 가습기 살균제를 지목하며 이 문제가 공론화된 지 5년 만에 처음으로 가해 업체 관련자가 재판에 회부됐고 무려 6년 만에 판결이 이루어졌다. 하지만 애경과 이마트 등 클로로메틸이소티아졸리논CMIT과 메틸이소티아졸리논MIT을 성분으로 하는 가습기 살균제를 제조·판매한 기업들은 아직도 수사 대상에서 제외된 상태다.

또한 검찰은 옥시에 유리한 결과가 나오도록 독성 실험을 한 것으로 의혹을 사고 있는 대학교수들을 수뢰 후 부정 처사 및 증거 조작 혐의나 사기와 배임 수재 혐의로 각각 2016년 5월과 6월에 기소했다. 그 결과 1심에서는 모두 실형과 벌금형이 선고됐다.

한편 검찰은 가습기 살균제 참사에서 정부의 책임을 조사하는 일에는 소극적이었다. 그 때문에 비판 여론이 거세지자 2016년 7월 초로 예정했던 수사 결과 발표를 미루고 8월에 가습기 살균제 제조부터 최근 피해 원인까지 정부의 역할을 조사하겠다고 나섰다. 그러나 여전히 정부의 형사 책임을 따질 것으로 보이지는 않는다. 앞서 서울중앙지법은 2015년에 가습기 살균제 피해자들이 관리·감독 의무의 소홀을 들어 국가를 상대로 낸 손해배상 청구 소송에서 국가는 책임이 없다고 판결했다. 가습기 살균제 참사와 관련하여 정부와 정치권은 미비한 법이나 제도를 운영하고 대처를 신속하게 이행하지 못한 것에 대해 아무런 법적 책임을 지지 않았다.

현재 가습기 살균제 참사에 직간접적으로 책임이 있는 기업대표나 대학교수들 대부분이 항소심에서 무죄 혹은 1심보다는 훨씬 가벼운 형의 선고를 받았다. 또한 국가의 법적 책임은 처음부터 인정되지 않았다. 2018년 11월 현재, 가습기 살균제로 인한 사망자가 1,359명, 환자는 4,851명으로 집계되고 있다.10) 이렇게 엄청난 인명 피해에도 불구하고 그 책임을 묻는 일은 또다시 흐지부지되는 것이 아닌지 매우 염려스럽다.

가습기 살균제 참사 이후 정부는 몇 가지 중요한 변화를 약속했다. 아직은 약속에 불과하며 제대로 지켜질지는 더 지켜봐야 하지만 이 약속을 끌어낸 것은 거짓말과 무책임으로 일관한 기업도, 정부도, 정치권도 아니었다. 적극적으로 참사를 해결하려는 자세를 보일 수밖에 없었던 피해자, 그리고 피해자와 함께한 환경보건시민센터와 시민들의 끊임없는 노력 덕분이다.

우선 가장 눈에 띄는 변화는 생활화학제품을 위주로 한 화학물질 관리 제도의 변화다. 정부는 2016년 11월 29일 '생활화학제품 안전 관리 대책'을 발표했다. 이에 따라 화학물질 유출 가능성이 높은 공산품을 포함하여 유통 중인 생활화학제품을 2017년 상반기까지 전수조사하여 그 결과에 따라 우려 기준을 넘는 제품들에 대한 회수 조처가 진행 중인 것으로 알려졌다. 또한 생활화학제품 관리의 사각지대를 없애기 위해 인체나 식품에 직접 적용되는 제품(의약외품·화장품·위생용품 등)은 식품의약품안전처, 살생물제와 화학물질의 유출 가능성이 높은 제품은 환경부, 유출 가능성이 낮은 제품은 산업자원통상부가 관리한다는 원칙을 세웠다. 더불어 앞으로 살생 성분 함유 제품의 관리 체계를 기존의 사후 관리 방식에서 안전성 입증을 우선하는 사전 관리 방식으로 전환하기로 했다. 이를 위해 살생물질과 살생물질 함유 제품(소독제, 방부제 등)을 별도로 관리하는 '생활화학제품 및 살생물제 안전 관리법'을 제정하여 2019년 1월부터 발효하도록 했다.

이러한 변화는 그동안 생활화학제품 관리에 사각지대가 있었으며 그것이 가습기 살균제 참사의 중요한 원인이었음을 분명하게 보여준다. 수많은 생명과 피해자를 대가로 치른 후에야 이런 제도가 도입된다는 것은 안타깝지만 제도를 제대로 도입하고 그 실효성을 지키는 것이 말잔치에 그치지 않고 효과를 보기 위해서는 시민들의 지속적인 관심이 필요하다.

또 하나의 변화는 '징벌적 손해배상제'의 도입이다. 가습기 살균제 참사를 계기로 정부가 인명·신체에 고의적으로 중대한 손해를 입힌 제조물 사업자에 대해 피해액의 최대 3배까지 배상 책임을 묻는 '징벌적 손해배상제'를 2019년 6월부터 도입하기로 한 것이다. 우리나라에서는 보통 실제 피해 범위 안에서만 배상 책임을 물어왔고, 징벌적 손해배상제는 하도급법과 개인정보보호법 등 일부 영역에만 도입돼 있었기에 이 제도의 도입은 일단 긍정적이다.

하지만 이 제도가 기대대로 효과를 얻을지에 대해서는 의구심도 많다. 우선 배상 한도 3배도 너무 적기 때문에 예방 효과를 위해서는 배상 한도를 최대 피해액의 10배 이상으로 높여야 한다는 주장이 있다. 미국에서는 피해액의 수백 배를 물리는 판결도 있다고 한다. 또한 '고의적'으로 '중대한' 손해를 입힌 경우로 제한한 점도 한계로 지적된다. 가습기 살균제처럼 막대한 인명 피해가 발생해도 고의성이 입증되어야 하고 '중대한' 손해가 무엇인지를 놓고 다툴 여지도 크기 때문이다.

더불어 집단소송제를 함께 도입해야 한다는 주장도 설득력이 있다.

집단소송제는 피해자들 일부가 소송에서 이기면 다른 피해자들도 소송 없이 동일한 배상을 받는 제도이기 때문에 징벌적 손해배상제가 가지는 예방 효과를 크게 증폭시킬 수 있다.

　가습기 살균제 참사의 진행 상황을 보면 시민의 생명을 지키는 기관이 어디이고 어떤 역할을 했는지 보이지 않는다. 우리는 1,000명 이상이 죽고 수천 명이 피해를 입은 엄청난 대가를 치르고도 책임지지 않는 국가에 살고 있는 걸까? 기업, 정부, 정치가, 전문가 모두 시민의 건강과 생명을 가장 귀하게 생각하고 그를 적극적으로 지키는 상식적인 사회를 상상해본다. 그러나 그런 사회도 일이 벌어지고 난 후에는 회복을 위해 복잡한 과정을 거쳐야 하며 긴 시간과 많은 사회적 자원을 지불하게 된다. 2001~2011년 동안 기업들이 가습기 살균제를 팔아서 올린 수입은 100~200억 원 규모로 추정되는데, 이 때문에 수천 명 이상의 사상자가 발생했다는 것은 정말 고통스러우면서도 어처구니없는 일이다.

　사후 피해의 구제를 위해 정부는 100억, 책임 기업들이 1,250억 원의 기금을 내놓기로 했다고 한다. 정부가 사전에 유해물질로 인한 피해를 예방하기 위한 정책을 시행하는 데 들었을 비용보다 엄청나게 많은 액수를 들이고도 피해자의 삶과 건강을 복구할 수는 없다. 정말 두말할 필요 없이 사전 예방이 필수다. 돌이킬 수 없는 정신적 피해와 육체적 피해를 막을 수 있으며, 심지어는 가해자 입장에서도 경제적으로 시간적으로 더 효과적이라는 것을 가습기 살균제 참사가 생생하게 보여준다. 아무쪼록 이 참사를 계기로 도입된 변화가 유사한 사고가 더 이상 발생하지 않도록 만들어주기를 기대해본다.

화학물질 사고를 작업자의
책임으로만 돌릴 수 있을까

근래에 국내외의 화학물질 사고가 자주 언론의 주목을 끈다. 국내에서는 2012년 구미의 불산 사고 이후에도 전국 각지에서 염소, 염산, 불산, 황산, 황화수소, 페놀수지 등 다양한 화학물질의 누출 혹은 폭발 사고로 큰 인적·물적 피해가 발생했다.

화학물질 사고를 줄이기 위해서는 사고의 예방도 중요하고 사고 후 피해를 최소화하기 위한 대책도 마련되어야 한다. 특히 이미 일어난 사고의 주요 원인을 정확히 파악하는 것은 필수적이다.

2016년 삼성과 LG 등 대기업의 하청업체에서 반복적으로 일어난 메탄올 중독 사고[3~5]의 원인은 우리에게 시사하는 바가 크다. 이 사고로 대기업 휴대전화 부품 회사에서 파견 근로자로서 일하던 작업자들이 부품의 절삭과 검사 과정에서 사용된 메탄올로 인해 의식불명, 중추 신경계 장애와 실명 위기를 겪었다. 휘발성이 큰 메탄올을 부적절하게 취급하여 작업장이 고농도로 오염됐기 때문에 초래된 결과다. 그러나 작업자들은 자신들이 다루는 화학물질이 메탄올인지도 몰랐으며 메탄 올이 어떤 악영향을 끼치는지도 전혀 모르고 있었던 것으로 밝혀졌다.

이 사고와 사업장 밖으로까지 확산된 화학물질 누출 사고는 발생 원 인에서 공통점이 보인다. 즉, 작업자가 자신이 다루는 물질의 특성과 위험성에 대한 기초적인 정보조차 가지고 있지 못했다는 것이다. 자신 이 다루는 화학물질에 대해 잘 알고 있어야 마땅한 작업자가 그러지 못 했으니 이는 얼핏 작업자의 책임처럼 보인다.

정부의 화학안전정보공유시스템(http://csc.me.go.kr)에 따르면, 2008~2015년 사이에 접수된 총 436건의 사고의 원인을 작업자 부주 의 177건, 시설 관리 미흡 155건, 운송 차량 사고 113건, 기타 2건으로 분류하고 있다.

이 자료를 그대로 믿어도 좋을지 모르겠지만 이 자료대로라면 작업 자 부주의와 운송 차량 사고를 합친 290건의 사고가 일종의 현장 작업 자 과실에 의해 일어났다는 것이 된다. 즉, 사고의 3분의 2가 작업자의 과실 때문에 일어난 것으로 보인다. 또한 환경부의 한 자료에 따르면

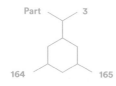

사고 원인의 88%를 작업자의 책임으로 파악하고 있다.[11]

사고의 원인을 작업자 개인의 과실로 파악하는 것이 정확한 진단일까? 작업자의 과실이 없었다면 사고가 나지 않았을 테니 겉으로는 맞는 것처럼 보인다. 하지만 진짜 원인을 파악하기 위해서는 작업자가 왜 책임을 다하지 못했을까를 묻는 일이 더 중요하다.

만일 사고의 대부분이 작업자 개인의 책임이라면 주의 깊게 작업하도록 교육만 시켜도 사고가 대폭 줄어들 수 있다. 이러한 대책은 설비의 개선이나 관련 제도를 고치는 등 다른 대책에 비해 돈이 들지 않는다는 점에서 큰 부담 없이 비교적 쉽게 사고를 줄일 수 있다는 장점이 있다. 그런데 전국적으로 충격을 주었던 구미 불산 사고 이후에도 상주의 웅진폴리실리콘공장 염산[12], 화성의 삼성전자 불산용액[13], 청주 SK하이닉스의 염소가스[14], 오창산단 내 유독가스[15], 울산 삼성정밀화학의 염소가스[16], 파주 LG디스플레이의 질소[17] 등 크고 작은 누출 사고가 연이어 일어나고 갈수록 사고 빈도도 늘어가고 있다. 대부분의 사고가 작업자의 부주의와 과실 때문인 것으로 결론이 났고, 작업자에 대한 관리 감독의 개선책에 대한 제안도 봇물을 이뤘다. 그런데도 사고가 줄기는커녕 늘고 있다면 사고가 단순히 작업자 개인의 과실 때문이라는 진단이 잘못된 것은 아닐까?

예를 들어 겉보기에는 작업자의 과실이라 하더라도 장시간의 노동에 따른 피로와 집중력 저하 등으로 실수가 발생하기 쉬운 조건이라면, 그 조건을 개선해야지 사람을 바꾸거나 정신 똑바로 차리라는 교육만으로는 문제가 해결되지 않는다.

또한 화학물질 운송 차량 사고 이후 대처가 늦어지는 원인으로 운전기사가 자신이 운송하는 물질과 그 위험성이 무엇인지 모르고 있었다는 것이 종종 지목된다. 이에 대해 운전기사의 무지를 탓하는 소리는 있어도 사업자가 운전기사에게 위험물에 대한 기초적인 정보와 위험물 수송에 필요한 안전 정보를 알렸는지를 확인하고 지원하는 시스템이 없다는 것을 탓하는 목소리를 듣기는 어렵다.

화학 사고를 예방하고 대응하기 위해 정부에서도 다양한 대책을 내놓고는 있다. 안전을 위한 제반 장비와 시설 규정도 있으며, 사고가 났을 때의 초동 조치, 현장 대응, 사후 관리 등 단계적 대책과 각 단계에서 누가 어떤 역할을 해야 하는지 등도 명시해놓았다. 더불어 각자의 역할을 수행하기 위해 필요한 지침과 매뉴얼 등도 있지만 어찌 보면 너무 여러 가지라 혼란스러울 정도다. 가장 큰 문제는 이것들이 책상 위에서만 존재한다는 것이다. 정부에서 이러저러한 화학물질 사고 대응책을 마련해도 작업 현장의 사정은 현재의 제도나 대책을 이행할 수 있는 형편과는 거리가 멀다.

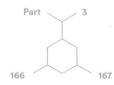

사고를 줄이기 위해 일차적으로 필요한, 위험성에 대한 정보와 교육이 제공되고 있는가를 봐도 그렇다. 사업주는 취급하는 화학물질의 독성에 대한 정확한 정보를 확보해서 근로자에게 제공해야 할 법적 의무가 있다. 즉, 산업안전보건법에 의하면 작업장 내 물질의 위험성에 대한 라벨의 부착, 물질안전보건자료MSDS의 작성 및 비치, 위해 설비/공정 표지판 및 경고 표지 부착, 안전 보건 교육 등을 제공해야 한다. 이 제도만 충실히 이행돼도 사고는 많이 줄어들 것이다.

그러나 제도가 있음에도 현장 작업자들은 자신이 다루는 물질의 위험성에 대해 충분히 알 기회를 가지지 못한다. 작업장에서는 경고 표지 같은 정보를 제대로 부착하지 않거나 부착하더라도 이를 작업자들에게 알리기 위한 것이 아니라 법이나 제도를 피하기 위한 목적으로 형식적이고 소극적으로 정보를 제공하기 때문이다.

특히 대기업의 하청을 받는 영세한 사업장에서는 원청 사업자로부터 위험성 정보를 제대로 전달 받지 못한 경우가 많다. 작업 여건이 열악하기 때문에 실수를 저지르기 쉽고 서로 다른 작업장에 임시로 배치되어 일하다 보니 단순히 그때그때 필요한 작업 요령만 배우게 된다. 그런 상황에서는 사업주도 교육의 필요성이나 실효성을 크게 느끼지 못하고, 사업주 스스로도 위험성을 알지 못해서 안전 교육 자체가 이루어지지 않는 일이 빈번하다. 사정이 이러니 안전을 위한 지침을 따르기 어렵고, 안전 장비를 제대로 갖추지 않거나 갖추어 놓아도 사용하지 않게 된다.

작업자의 과실은 개인만의 과실이라고 볼 수 없다. 다른 사회문제도 그렇듯 사고의 책임을 말단의 작업자에게 떠넘기려는 것이 목적이 아니라면 적절한 사고 예방과 관리 체계가 있는지, 있다면 현실적으로 실행될 수 있는지를 검토하여 문제의 체계적인 해결책을 마련하는 것이 필수다.

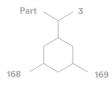

스스로 조심할 수 있는 권리

2015년 우리나라의 일상을 흔든 중동호흡기증후군은 확진 환자 186명, 사망자 38명을 남긴 채로 공식적으로 종결되었다. 우리는 그 일을 잊고 지내다가 메르스 의심 환자가 발생했다는 소식을 들으면 당시 기억을 다시 떠올리곤 한다.

많은 미디어가 메르스 코로나바이러스가 일으키는 중동호흡기증후군를 다루었고, 전염성이 강한 특성으로 대규모 행사가 취소되기도 했다. 몇몇 정치인은 불안해하면서 스스로 조심하려는 평범한 사람들에게 아는 체 가르치려는 모습을 보이기도 하였다.

한 예로 김무성 당시 새누리당 대표는 메르스 자체보다 메르스에 대한 "공포와 불신을 떨쳐내야 한다"며 사람들을 안심시키려 했다. 불신

이야 정부가 자초한 면이 크지만 '과도한 공포'가 바람직하지 않다는 데는 굳이 반대할 이유가 없다. 손님이 줄어든 국밥집에 손자손녀를 데리고 갈 정도라면 그저 정치인의 몸짓이 아니라 진심으로 당시의 위험이 일상생활에 영향을 미치지 않는다고 알리고 싶었던 것 같다. 또 다른 정치인은 많은 사람들이 갖는 두려움을 "난리"라고 표현하면서 그렇게 걱정할 필요가 없다고 강조하였다.

우리 사회에서 목소리를 내는 이들이 (굳이 지도층 인사라 부르지 않더라도) 두려워할 필요가 없다고 하는데 왜 우리는 그들의 말을 따를 수 없었던 것일까? 당시 사람이 많이 모이는 행사가 연기되거나 취소되는 일이 많았고 대개 그걸 당연하게 생각했다. 그렇다면 "없는 행사를 만들어서라도" 소비를 진작해야 한다는 그들의 주장은 일반 시민들이 갖는 위험 인식과 상당히 동떨어져 있는 것임에 분명하다.

어느 정도가 지나친 두려움이고 어느 정도가 당연히 가질 수 있는 두려움인지 누가 결정할 수 있을까? 일상생활을 영위하기에 충분히 안전하다는 말을 믿고 그대로 따라야 한다고 누가 분명히 말할 수 있을까?

사랑하는 가족의 임종을 지키지 못하고, 자신의 삶에서 가장 중요한 순간 중 하나인 결혼식에서조차 마스크를 준비하는 상황에서 이들이 왜 "과도한 공포"에 휩싸였는지 세심히 헤아릴 생각이 없다면, 당시 그들의 과감한 행보는 얼마나 안전한지 알지 못하는 '무지'한 대중을 가르치려는 헛된 열심에 불과할 수 있다. 그리고 이러한 모습은 어떤 이들의 위험에 대한 자세와 너무나 닮아 있다.

"관악산에 방사성폐기물 처리장을 짓자고?" 이 이야기의 배경인 2004년 1월 당시는 중·저준위 방사성폐기물 처리 시설(방폐장) 후보지를 선정하지 못하여 안면도, 굴업도에 이어 부안에서 큰 사회적 갈등을 겪고 있을 때였다.

강창순 당시 서울대학교 원자핵공학과 교수(이후 2011~2013년 우리나라 원자력안전위원회 위원장을 지내기도 하였다)와 황우석 수의대 교수(2005년 11월 MBC PD수첩 방송으로 촉발된 '황우석 사태' 이전의 그는 대중으로부터 상당한 지지와 신뢰를 받고 있었다)를 비롯한 서울대 교수 63명이 '원전 수거물 관리 시설(방폐장)'을 서울대 부지 내 관악산에 유치하자고 주장하는 성명을 냈다. 지진과 지하수 유입 등으로부터 상대적으로 안전한 암반 지질인 관악산에 동굴을 파서 방사성폐기물을 보관하면, 기술적인 안전 문제와 부지 문제 등이 없을 것이라는 주장이었다. (이후 2005년 방폐장의 입지가 경주로 정해졌고, 경주시 양북면에 있는 중·저준위 방사성폐기물 처분장은 현재도 지하수 유출 가능성으로 인한 우려가 제기되고 있다.)

성명을 낸 이들은 왜 그간 아무도 고려한 바 없는 관악산에 방폐장을 유치하자는 제안을 하였을까? 정말 관악산에 '원전 수거물 관리 시설' 을 만들어야겠다는 의도보다 오히려 자신들이 일하는 대학 바로 옆에 있어도 안전하다는 확신을 바탕으로 누군가에게 그 안전성을 강하게 설득하고 싶었던 것 같다.

하지만 성명이 나온 바로 그날부터 한동안 서울대학교 구성원뿐 아니라 관악구청장을 비롯한 지역 주민, 서울 시민 들의 우려가 쏟아져 나왔다. 왜 우리 정도의 전문가들이 하는 이야기를 믿지 않느냐고, 방사성폐기물의 위험 여부는 전문가의 판단을 중요하게 받아들여야 하지 않느냐고 반문하고 싶었겠지만, 당시 지역 주민을 비롯한 서울 전역은 지나치게 두려워하는 '난리' 상황에 빠질 수밖에 없었다.

성명에 참여한 전문가 중 일부는 분명 방사성폐기물로 인한 사고의 가능성을 매우 낮게 보았을 것이다. 하지만 아무리 낮은 가능성이라도 그것이 바로 나의 가족과 우리 삶의 안전을 위협할 때는 심각하게 받아들일 수밖에 없다는 위험 인식의 관점에서 들여다볼 필요가 있다. 그렇지 않으면 전문가가 안전하다고 말하는데도 '과도한 공포'로 불필요한 걱정을 하는 무지한 대중들의 '난리'로 상황을 인식하게 된다.

일반 시민들은 생소하거나 불확실하여 결과를 분명하게 예측하기 어려운 위험에 접하면, 과학자들이 계산한 위험보다 훨씬 심각하게 인식하기 마련이다.[18] 특히 위험에 대한 정보가 충분히 공개되지 않거나 책임을 맡은 주체가 신뢰를 얻지 못한다면 개개인이 느끼는 위험은 더욱 클 수밖에 없다.

당시 한 정치인은 광우병 파동 사례를 들며 큰 논란이 일고 공포가 심했지만 결국 아무도 죽지 않았다고 주장했다. 이는 위험 커뮤니케이션(위험 평가나 위험 관리와 관련하여 이해 당사자 간에 이루어지는 지속적인 정보의 상호작용 과정) 분야에서 이미 '위험의 기술적 모형'과 '위험의 문화경험적 모형'의 대비를 통해 충분히 논의되었다.

기술적 모형은 위험Risk의 정도를 해당 사건의 발생 가능성Likelihood과 심각성Severity의 곱 함수로 계산한다. 이에 반해 문화경험적 모형은 위험에 노출된 이들이 겪는 경험과 사회적 맥락에 대한 판단을 포함하려고 한다. 즉, 우리의 위험 인식을 결정하는 요소들로 스스로 지킬 수 있는 종류의 위험인가(통제), 내가 기꺼이 받아들이고자 하는 위험인가 아니면 강요된 것인가(자발성), 별다른 혜택 없이 나에게 보다 많은 위험을 감수하도록 하는가(형평성), 정부기관 등이 위험을 다루는 방식과 절차가 믿을 만한가(신뢰) 등을 고려할 필요가 있다는 것이다.

그 정치인의 걱정과는 달리 시민들도 광우병으로 죽는 사람이 많지 않다는 사실 정도는 알고 있다. 광우병으로 죽을 가능성이 자동차 사고나 암벽 등반으로 죽을 가능성보다 적다는 것을 말이다. 자동차 사고로 죽거나 다치는 사람이 매우 많지만 우리는 자동차를 운전한다. 또한 암벽 등반을 즐기는 이들은 위험하다는 것을 알면서도 한다.

하지만 지난 이명박 정부 초기에 벌어진 그 '난리'는 많은 시민들이 반대한 소고기 수입을 둘러싼 형평성의 문제였고, 광우병 가능성이 상대적으로 높은 미국산 소고기의 위험으로부터 스스로를 지킬 수 없다는 무기력에 대한 반발이었다. 동시에 우리네 평범한 사람들이 기꺼이 받아들이고자 하는 위험이 아닌 데다 생경하기까지 해 시민들의 위험 인식 수준이 높아지게 된 것이다.

특히 해당 정보를 충분히 공개하지 않고 시민들의 신뢰를 얻지 못해 중·고등학생들조차 '변종 크로이츠펠트-야콥병vCJD' 전문가가 되어야 했던 당시를 기억할 때, 실제 광우병으로 죽은 사람을 본 적이 있느냐고 물은 그 정치인의 인식 수준은 아쉽기 그지없다.

개개인마다 위험의 정도에 대한 인식의 차이는 분명히 존재한다. 메르스 사태 당시에도 일상적인 모임은 괜찮다고 생각한 사람도 있었고, 집 밖으로 나가지 않겠다는 사람도 있었다. 그렇지만 이견과 인식의 차이가 있는 상황이라면, 구성원 중 메르스에 취약하거나 상황을 보다 걱정스럽게 보는 이들을 고려하는 것이 바람직한 결정의 한 방식일 수 있다. 나이가 많은 사람, 어린아이를 키우는 사람, 건강에 대한 우려 수준이 높은 사람들이 더 많이 걱정하면서 신경 쓰고 조심할 권리가 있지 않은가. 또한 다행히 우려한 일들이 전혀 발생하지 않을 가능성이 크다고 하더라도, 많은 사람이 모이고 흩어지는 과정에서 우리 사회에 초래될 작은 가능성의 위험을 적극적으로 고려하고 대처하는 것 역시 중요하지 않을까.

조심조심 살아가는 것은 우리의 권리에 해당한다. 우려하는 일이 일어나지 않도록 제도를 만들어 두려움을 덜어주는 것은 정부와 전문가가 할 일이다. 또한 그러한 걱정과 우려를 끊임없이 표현하는 것이 시민의 역할 중 하나다. 후쿠시마 사태에서도, 4대강 사업에서도 알 수 있듯이 괜찮다고 말한 정치인들이 이후 우려했던 문제가 발생하였다고 전적으로 책임지는 일은 좀처럼 찾아보기 어렵기 때문이다.

걱정되면 조심하고, 마음이 놓이는 상황이 되면 그때 안심하면 된다. 실컷 걱정하도록 만들어놓고 "그건 지나친 걱정이야"라고 말하는 것은 위험에 대한 기술적 모형도 문화경험적 모형도 아니고 그저 '상식'과 '공감'이 부재한 것이다.

특히 새로운 종류의 위험에 우리가 더 불안해한다는 인식상의 특성을 스스로 알고 있다면 대응해나가는 데 도움이 된다. 가급적이면 많은 정보를 알고 있으면 좋겠지만, 우리가 모두 메르스나 화학물질 전문가가 될 수는 없지 않은가?

다시 한 번 강조하건대, 우리에게는 걱정하면서 스스로 조심할 권리가 있다. 위험에 노출된 우리의 상황과 우려를 반영해서 보다 안심하고 살아갈 수 있도록 하는 것이 어떤 이들의 의무일 수 있는 것처럼 말이다.

화장품은 되는데 치약은 안 된다?
모든 성분 공개해야

화학물질로 인한 피해는 오래전부터 알려져 왔지만 요즘처럼 우리를 불안하게 한 적은 없다. 그렇지 않아도 구미 불산 사고 같은 사업장 누출 사고가 빈번하여 걱정이 컸는데 일상생활에서 누구나 사용하는 소비 제품 속의 화학물질인 가습기 살균제가 엄청난 수의 사상자를 초래하면서 시민들을 충격에 빠뜨렸다. 가습기 살균제 참사로 인한 피해 규모는 아직도 정확히 파악되지 않았지만 사망자가 1,000명을 넘었으며 수천 명이 건강 피해를 겪은 것으로 조사되고 있다. 일상의 소비 제품 사용이 초래한 피해로는 전 세계적으로 유례가 없는 심각한 참사라고 할 수밖에 없다. 성격이 다르지만 일본의 미나마타병과 이타이이타이병, 독일과 미국의 탈리도마이드 사고처럼 악명 높은 사고 사례로서

전 세계에 두고두고 회자될까 걱정이다.

1장과 2장에서도 다루었듯이 화학물질이 사람과 생태계에 악영향을 끼칠 수 있는 경로는 다양하다. 일상적인 사업 활동이나 비정상적인 사고로 누출된 화학물질, 농약, 식품첨가제, 의약품 등은 직간접적으로 우리에게 영향을 줄 수 있는 화학물질이다. 그러나 무엇보다도 걱정스러운 것은 가습기 살균제와 같이 소비 제품에 포함된 유해화학물질이다. 오늘날 화학물질이 함유된 소비 제품은 종류를 셀 수 없을 정도로 많으며, 매일매일 생활 속에서 언제든 사용될 수 있고 누구든 예외 없이 영향을 받을 수 있다.

화장품과 더불어 세제, 방향제, 소독 및 방부제, 표백제, 옷, 물티슈, 기저귀 패드, 각종 플라스틱 제품, 가전기기, 가구 등 일일이 나열할 수 없을 만큼 많은 소비 제품에 들어 있는 화학물질이 소비자의 건강을 해칠 수 있다. 그런데도 소비자로서는 유해화학물질을 피할 수 있는 뾰족한 수가 없다는 무력감이 불안과 화를 더 키운다. 얼마 전에는 가습기 살균제로 사용됐던 물질CMIT/MIT이 함유된 치약이 판매되고 있다는 사실이 밝혀지더니 치약 이외의 다른 제품에도 들어갔는데, 그 제품이 무엇인지 파악되지 않았다는 뉴스가 보도되어 불안을 키우기도 했다.

소비 제품의 화학적 위협을 최소화하기 위해서 해야 할 일은 많지만 특히 중요한 두 가지가 있다. 우선, 소비자의 '알 권리'를 보장해야 한다. 안전이 보장되지 않는 지금의 현실에서 소비자는 최소한 안전에 대한 선택권이라도 가지고 있어야 한다. 일차적으로 소비 제품에 어떤 물질이 포함되어 있는지, 그 물질이 얼마나 위험한지 어렵지 않게 알 수 있는 방법을 제공해야 마땅하다. 그러나 정보의 제공만으로는 충분하지 않다. 소비 제품 속의 화학물질은 너무 많을뿐더러 이름부터 매우 낯설고 대부분의 소비자에게는 그 위험성의 현실적 의미가 잘 와 닿지 않는다. 이 때문에 단순한 정보 제공은 소비자가 판단과 선택의 근거로 활용하기 어려운 경우가 많다.

정보의 제공만으로 충분하지 않은 또 하나의 이유는 소비자의 '알 권리'는 필수이지만 '알아야 할 의무'를 강제할 수는 없기 때문이다. 즉, 알 준비가 되지 않은 소비자에게 반드시 알아야 한다는 의무를 강요할 수는 없다. 전문가조차 다 알지 못하는 소비 제품 속의 수많은 화학물질이 지닌 위험성을 모른다고 해서 선택에 따른 책임을 소비자에게 돌릴 수는 없는 것이다.

따라서 정보의 제공이나 공개도 필요하지만 소비 제품에 위험한 화학물질을 사용하지 못하도록 원천적으로 막는 것이 더 중요하다. 이는 위험을 사전에 예방한다는 점에서 사후 처리와는 비교할 수 없을 정도로 위험도가 낮다.

기업은 소비자가 큰 고민 없이 제품을 선택해도 안전하도록 만들어야 할 책임이 있다. 따라서 기업 비밀 보호라는 명분을 남용하고 정보 제공조차 미흡한 지금의 환경에서 안전에 대한 책임은 온전히 기업의 몫이 되어야 한다.

소비자가 무엇이 얼마나 위험한지 판단할 수조차 없다면 기업이나 정부는 최소한 위험이 없다는 점은 확실하게 한 뒤 제품을 판매해야 마땅하다. 가습기 살균제로 인해 스러진 많은 어린이의 생명은 어떤 사후 대책으로도 되살릴 수 없기 때문이다.

화학물질 정보의 제공과 공개, 소비 제품에 사용할 화학물질의 규제 모두 기업의 자발성에 기댈 수 있는 일은 절대 아니다. 당연히 법과 제도로 규제해야 하는데 그동안 우리나라의 법과 제도는 어떤 헛점이 있어서 가습기 살균제 참사가 일어나게 됐을까?

그동안 화장품을 제외한 일상의 소비 제품에 대한 화학적 안전 규제는 주로 산업통상자원부의 품질경영 및 공산품안전관리법(이하 품공법)에서 맡았다. 환경부는 2015년에 발효된 화학물질등록 및 평가 등에 관한 법(이하 화평법)에서야 비로소 제품 중의 화학물질에 대한 규제의 틀을 갖추게 됐다.

그러나 품공법의 규제는 주로 물리적 안전에 관한 것이어서 화학물질의 규제 내용은 대단히 빈약하다. 시중에 판매되는 소비 제품과 제품에 함유된 화학물질의 엄청난 종류와 수에 비하면 규제 대상 제품의 수와 화학물질의 종류는 거의 시늉만 내고 있는 수준이라고 해도 과언이 아니다.

기본적으로 산업통상자원부가 시민의 건강이나 안전보다는 기업의 이익을 먼저 생각하는 곳임을 고려하더라도 안이하다고 볼 수밖에 없다. 또한 규제 대상 소비 제품의 화학물질 함량 기준을 과학적으로 정할 수 있는 전문 인력, 방법과 절차 등이 확보되어 있지 않기 때문에 규제 기준의 근거를 찾기 어렵고 어떤 수준의 보호를 하는 것인지조차 알 수 없다.

2015년 화평법이 제정되기 전까지는 유해화학물질관리법에 따라 환경부가 화학물질의 유해성에 대한 평가와 관리를 했으나, 화학물질을 함유한 제품은 적용 대상이 아니었다. 즉, 화평법에 의해 위해 우려 제품을 지정하고 안전 기준과 표시 의무 사항이 마련돼서 제품에 대한 규제를 시작할 수 있게 된 것이 겨우 3년 전인 것이다.

결과적으로 품공법은 지극히 제한된 범위의 규제이고 화평법은 이제 시작하는 단계라는 것이 우리의 현실이다. 그동안 소비 제품 중의 화학물질은 규제의 사각지대에 놓여 있었다 해도 과언이 아니다. 따라서 그대로 두면 가습기 살균제 참사와 비슷한 사고가 다시 일어나고,

책임은 지지도 않으면서 정부 부처 간 책임 공방만 난무하는 상황이 반복될 가능성이 있다.

한편 제품 중 화학물질 정보의 제공과 공개 규정은 어떠할까? 품공법에서 표시 의무는 한마디로 허술하다. 포함된 화학물질의 종류와 함량에는 표시 의무가 없어서 알 권리를 만족하지 못한다. 주성분, 취급·사용상 주의사항 정도를 의무적으로 표시하도록 되어 있는 일부 제품을 제외하곤 안전 관련 기준을 만족시킨다는 인증 후 지정된 안전 품질 표시(도형)를 부착하도록 하는 것이 거의 전부다. 소비자로서는 구체적으로 어떤 화학물질이 얼마나 함유되어 있는지, 기준을 만족하는 것이 무슨 안전을 보장하는지 확인할 길이 없다.

화평법도 소비자의 알 권리와는 거리가 멀다. 전체적으로 국내에서 유통되는 4만 5,000여 종의 물질 중 독성이 어느 정도 파악된 것은 7,000여 종으로 추정되는데, 그나마 화평법에 등재된 유독물질 870여 종과 발암물질 120여 종 이외에는 공개할 의무도 없다. 또한 제품 중 물질에 대한 표시 의무는 제품 항목별로 화학물질을 미리 지정하고 그것들만 이름과 함량, 기능, '독성 있음' 표시를 하도록 제한되어 있으며, 필요한 경우 사용이나 취급주의 사항을 추가로 표시하도록 정하고 있다. 이렇듯 함유된 모든 화학물질에 대한 정보를 제공하도록 규정하

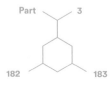

지 않고 있다.

참고로 화장품에 사용되는 화학물질은 화장품법에 의해 규제·관리된다. 화장품법은 국내 법 중 가장 많은 수의 화학물질을 대상으로 하며 소비 제품 중 유일하게 제품에 포함된 모든 화학물질을 공개하도록 규정하고 있다. 정보 제공에 있어 화장품법은 품공법이나 화평법보다 훨씬 적극적이다.

일상의 소비 제품에 사용되는 화학물질의 규제와 관리는 성격과 입장이 다른 두 정부 부처가 복수의 법에 따라 주관하고 있다. 여러 개의 법과 부처가 나누어 관리할 때 생기는 문제는 무척 다양하다.

법 적용 시 목적이 다른 부처 간 협업과 소통이 잘 이루어지지 않는 고질적인 문제가 있고, 각 부처 간의 규제 대상 범위 사이에 빈틈이 생긴다. (소비 제품 중 화학물질 규제의 경우, 빈틈 정도가 아니라 텅 빈 사각지대를 법이 조금 채우고 있는 것에 더 가깝다.) 이러한 빈틈을 채우고 관리의 책임을 분명하게 하기 위해서는 제품 중 화학물질 관리는 환경부의 책임 아래로 일원화하는 것이 적절하다.

우선 의약품과 방사성 물질을 제외한 화학물질의 위협으로부터 시민의 건강을 보호하는 것은 환경부의 책임이다. 또한 화평법과 화학물질관리법의 주관 부처로서 법의 실행 과정에서 축적된 다양한 기본 정보와 전문성을 제품 중 화학물질의 규제에 자연스럽게 연계, 활용할 수 있다. 더불어 제품 중 화학물질의 규제를 위해서는 화학물질 노출 평가가 필요한데, 환경부는 어차피 화평법 집행을 위해서도 이를 위한 전문성과 전문 인력을 구축해야 한다.

무엇보다도 중요한 것은 환경부가 화평법을 통해 유해화학물질 자체의 평가와 등록 등을 담당하고 있기 때문에 유통·사용되는 화학물질들의 유해성을 원천적으로 줄일 수 있는 위치에 있다는 점이다. 그렇기 때문에 환경부에서 사전 예방을 위한 화학물질 관리를 주도하는 것이 마땅하다.

화평법 또한 화장품법처럼 제품 중의 모든 화학물질과 함량, 독성 정보를 표시하도록 해야 한다. 화장품은 가능한데 다른 소비 제품은 안 된다는 것은 말이 되지 않는다. 더불어 화평법에서 제품 중 화학물질의 규제 대상을 대폭 확대해야 한다.

규제 제품의 종류도 늘려야 하고 제품 중 유해화학물질 신고를 면제시켜 주는 사용량 요건의 보완도 필요하다. 현재처럼 연간 사용량 1톤 이하면 획일적으로 면제할 것이 아니라 살생물제처럼 총 사용량은 적지만 문제를 일으킬 수 있는 유독성 물질에 대해서는 필요에 따라 면제를 위한 사용량 기준치를 더 낮추도록 하는 보완 장치가 필요하다.

이미 수많은 생명과 고통이라는 너무도 비싼 대가를 치렀다. 소를 잃

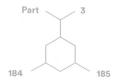

었는데 외양간도 고치지 않는다면 같은 일이 반복될 것은 불 보듯 확실하다. 책임져야 할 정부와 기업이 제 역할을 하도록 모두 눈을 크게 뜨고 관심을 기울여야 한다.

4장.

유해물질의 위험으로부터 안전해지는 법

유해화학물질,
우리 동네 배출량은 얼마나 될까

화학물질 사고는 짧은 시간에 다량의 화학물질이 누출되면서 가시적이고 충격적인 피해를 수반하기에 더욱 이목이 집중된다. 그러나 사고 못지않게 중요하면서도 별로 주목받지 못하는 것이 '정상적인 사업 활동'에서 배출되는 화학물질이다. 평상시 배출되는 화학물질로 인한 주변 환경의 오염도는 사고 때보다는 낮지만 지속적이기 때문에 총 배출량은 사고 때보다 대체로 더 많다. 또한 배출되는 물질에 만성독성이 있다면 사람과 생태계에 바로 드러나지 않은 만성적 악영향을 초래할 수 있다. 시간이 흐른 뒤에 증상이 드러나면 원인을 찾기 힘들고 어디에 책임을 물어야 할지도 어렵기 때문에 사고와는 다른 면에서 주목해야 한다.

평상시 배출되는 화학물질의 악영향을 줄이는 가장 좋은 방법은 단연코 배출량을 줄이는 것이다. 배출량을 줄이기 위한 여러 가지 제도가 있지만 특히 시민의 입장에서 배출량을 줄이기 위해 적극적으로 활용할 수 있는 제도가 있다. 바로 화학물질 배출·이동량PRTR 조사 제도다.

이 제도는 화학물질을 제조하거나 취급하는 사업장에서 평상시의 사업 활동으로 대기, 물, 토양에 배출하는 화학물질의 양을 조사·평가하여 의무적으로 보고하는 제도다. 1984년 인도의 보팔 참사를 계기로 1987년 미국에서 시작된 이 제도는 1992년 브라질 리우 회의, 1996년 경제협력개발기구에서 권고 혹은 의무화한 제도다.

우리나라는 1996년 경제협력개발기구 가입 조건을 갖추기 위해 이 제도를 도입했으며, 1999년 처음으로 석유정제업과 화학업 2개의 업종을 대상으로 종업원 100인 이상의 업체에서 배출되는 화학물질 80종의 배출량을 보고하도록 했다. 2016년 현재 화학업을 포함 39개 업종의 종업원 1인 이상 사업체에서 배출되는 415개 물질로 그 대상이 확장되었다.

시행 연도	대상 업종(업종 수)	종업원 수	조사 대상 물질
1999	석유정제, 화학업종 (2)	100인 이상	80종
2000	화학업종 등 (23)	100인 이상	80종
2001	화학업종 등 (23)	50인 이상	160종
2002~2003	화학업종 등 (28)	50인 이상	240종
2004~2007	화학업종 등 (36)	30인 이상	388종
2008~2011	화학업종 등 (39)	30인 이상	388종
2012~2013	화학업종 등 (39)	30인 이상	415종
2014~2016	화학업종 등 (39)	1인 이상	415종

〈표 1〉 국내 화학물질 배출·이동량 조사 제도의 경과
(출처: 화학물질 배출·이동량 정보 시스템)

이 제도는 화학물질의 배출과 이동량 보고를 의무화한 것일 뿐 배출량을 줄이라거나 줄이지 않는다고 처벌하는 제도는 아니다. 그렇지만 미국과 유럽 등에서는 배출량을 줄이는 효과적인 제도라는 평가를 받고 있다. 이 제도가 배출량을 줄이는 데 효과적인 가장 큰 이유는 배출량 자료를 업체별로 위치와 함께 공개하기 때문이다. 즉, 어떤 업체가

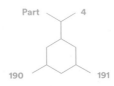

어디에서 얼마나 많은 화학물질을 배출하는지 알 수 있기 때문에 누구든 집이나 직장 근처에서 어떤 업체가 유해물질을 얼마나 배출하는지 궁금할 때 답을 얻을 수 있다.

화학물질 배출·이동량 조사 제도는 일차적으로 시민들에게 알 권리를 보장한다는 점에서 중요한 제도다. 알 권리뿐만 아니라 공개한 정보를 관심이 있는 시민들이 찾아본다면 사업체에도 큰 압력이 된다는 점에서도 효과적이다. 공개한 자료가 시민들의 구체적이고 적극적인 행위에 이용될 때만 업체가 부담을 느끼는 것은 아니다. 물론 그럴 때는 더 큰 부담이 되겠지만, 우리는 경험과 많은 심리학 연구 결과를 통해서 단순히 누군가 보고 있다는 사실을 의식하는 것만으로도 큰 부담을 느낀다는 것을 잘 알고 있다.

즉, 사회적 평판이 중요한 것은 개인이나 기관이나 마찬가지다. 누군가 보고 있을 때는 사회적으로 좀 더 바람직하다고 알려진 방향을 선택하게 된다. 따라서 사업체가 누군가 보고 있다는 점을 얼마나 의식하는가가 이 제도의 성패에 큰 역할을 한다.

따라서 예전처럼 배출량을 공개할 때 지역별 혹은 공단별 배출량만 묶어서 공개하고 개별 업체의 배출량은 공개하지 않으면 이 제도로부터 얻을 수 있는 성과를 크게 축소시키는 것이다. 마찬가지로 업체별로 자료가 공개되어도 누군가가 들여다보지 않는다면 제도의 성과는 반감될 것이다. 자료를 공개하고 그 자료를 많은 이들이 열심히 본다는 점이 확인될 때 비로소 이 제도가 성과를 거둘 수 있는 기반이 마련되는 것이다.

바로 이 지점이 시민들이 화학물질 배출·이동량 조사 제도를 잘 활용할 수 있는 대목이다. 우리 집, 우리 지역에 어떤 사업장이 어디에 있으며 평소에 어떤 물질을 얼마나 배출하는지 관심을 가지고 틈틈이 살펴보는 것이다. 이러한 시민들의 관심은 자연스럽게 업체들의 배출량 감소를 위한 노력을 유도할 것이다. 우리도 주변의 사업장에서 평상시에 배출되거나 사고를 통해 누출될 수 있는 물질을 미리 알아두면 조금이라도 그에 대비할 수 있다. 아무것도 모르다가 속수무책으로 당하는 상황을 반복하지 않기 위해서라도 시민들이 이 제도를 잘 활용해야 한다.

그럼 이 자료는 어디에 공개되어 있으며 어떻게 찾을 수 있는지를 살펴보자. 우선 자료는 두 곳에서 찾을 수 있다. 하나는 일과 건강, 민주노총 등 27개 시민사회단체로 구성된 '알 권리 보장을 위한 화학물질 감시 네트워크'에서 2015년부터 무료로 제공하고 있는 '우리 동네 위험 지도' 앱이다. '우리 동네 위험 지도' 앱은 우리 주변 화학물질의 위험 정보를 알기 쉽게 보여주고 시민들의 참여를 높이고자 개발되었으며,

환경부에서 조사한 전국 3,268개 사업장, 1만 2,700개 화학물질 배출량 정보를 기본으로 제공하고 있다. 스마트폰의 위치 정보를 이용해 반경 500m, 2㎞, 5㎞ 안에 있는 사업장을 표시하고 그 사업장에서 배출된 화학물질 정보를 보여준다. 그 밖에도 화학물질의 위험성과 관련된 다양한 정보를 제공하고 있어서 시민들의 궁금증을 풀어줄 수 있는 매우 유용한 앱이다.

다른 하나는 국립환경과학원이 운영하는 화학물질 배출·이동량 정보 시스템(https://icis.me.go.kr/prtr)이다. 이 사이트에 접속하면 누구나 추가 절차 없이 자료에 접근할 수 있으며 〈그림 1〉처럼 다양한 내용을 검색할 수 있다.

<그림 1> 화학물질 배출·이동량 정보 시스템 중 통합검색 배출·이동량 정보 화면

〈그림 1〉처럼 통합검색을 선택하여 연도, 지역, 업종, 업체 등을 선택하고, 배출량도 환경 매질별로 선택할 수 있다. 또한 〈그림 2〉처럼 업체별 메뉴로 가서 다양한 기준을 이용하여 검색할 수도 있다. 2001년부터 2016년까지 연도별 선택이 가능하고, 지역은 기초자치단체까지 선택할 수 있다. 또한 원하는 물질을 보고 싶을 때는 직접 물질명을 입력하거나 목록에서 개별 물질부터 특성별로 나뉜 물질군의 선택까지 가능하다. 선택할 수 있는 대표적 물질군은 유독물, 등급별 발암물질, 발암물질군 등이 있다.

·검색년도 : 2016 년   ·검색지역 : 전체지역   ·검색업체명 : 삼성
·검색물질 : 모든발암물질   ·검색업종 : 전체업종

※ 밑줄 있는 항목명을 마우스로 클릭하면, 정렬기능을 사용할 수 있습니다.

번호	업체명	대기배출량 (kg/년)	수계배출량 (kg/년)	토양배출량 (kg/년)	배출량 (kg/년)	자가매립량 (kg/년)	폐수이동량 (kg/년)	폐기물이동량 (kg/년)	이동량 (kg/년)
	총계	287,151	0	0	287,151	0	0	105,826	105,826
1	삼성공조(주)	5,922	0	0	5,922	0	0	20,056	20,056
2	삼성엘렉오벡텔시스템스(주)	78,790	0	0	78,790	0	0	11,000	11,000
3	삼성중공업(주)거제조선소	202,439	0	0	202,439	0	0	74,770	74,770

1

<그림 2> 화학물질 배출·이동량 정보 시스템 중 업체별 배출·이동량 정보 화면

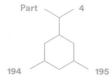

〈그림 2〉는 2016년 경상남도 내에 있는 삼성의 사업장에서 배출된 전체 발암물질 양을 검색한 결과를 보여준다. 그림 상단에 입력된 검색 조건이 있으며 하단에 검색 결과가 표의 형태로 제시되어 있다. 이 결과에서 배출량은 대기, 물, 토양에 배출된 총량을 가리키며, 자가 매립량은 업체가 자체적으로 매립한 양을 나타낸다. 이동량은 해당 물질이 폐수나 폐기물에 포함돼서 다른 곳으로 이동된 양을 말한다. 검색 결과에 따르면 경상남도 내에 세 개의 삼성 사업장에서 발암물질을 배출하고 있으며 자가 매립은 없고, 각각의 환경 배출량과 이동량은 표에 나타난 대로다.

　화학물질 배출·이동량 정보 시스템도 물론 아쉬운 점이 있다. 우선 지역을 선택할 때 행정구역 위주로 되어 있고 최소 단위도 기초자치단체라서 내 집에서 얼마나 떨어져 있는지 알고 싶으면 다시 지도를 찾아보아야 한다. 요즘은 지도 위에 우리 집을 설정하고 원하는 거리 내의 정보를 선택하는 기능을 추가하는 것은 그다지 어려운 일이 아니다. 또한 찾고 싶은 물질을 선택할 때도 정확한 화학물질명이나 카스 등록번호CAS Number(미국화학회가 모든 화학물질에 부여한 일련번호)를 입력하지 않으면 검색이 잘되지 않는다.

　예를 들어 최근 누출 사고로 자주 언론에 오르내린 불산 혹은 염산을 그대로 입력하면 검색 결과가 없다고 나온다. 불산 대신 플루오르화수소 혹은 불산의 카스 등록번호인 7664-39-3, 염산 대신 염화수소 혹은 7647-01-0을 입력해야 한다. 정확한 화학물질명을 모를 때는 인터넷에서 알려진 이름을 검색하여 카스 등록번호를 찾아내고('불산 CAS Number' 검색), 이 정보 시스템에서 카스 등록번호를 사용하여 물질을 선택하는 것이 아직은 가장 빠른 방법으로 보인다. 이것은 시민들에게는 불편의 수준을 넘어 거의 장애가 된다.

화학물질 배출·이동량 조사 제도의 취지를 살리기 위해서는 많이 사용되는 이름으로도 검색이 되도록 해야 한다.

또한 여러 해나 장소를 동시에 선택하여 시공간적 변화를 비교할 수 있는 기능이 있으면 훨씬 유용할 것이다. 업체의 수가 제한적이라는 점이나 2년 전의 자료가 가장 최신 자료라는 점도 다소 아쉽다. 그러나 가장 큰 아쉬움은 배출량 자료의 정확도가 충분히 검증되지 않아 신뢰도가 떨어진다는 점이다. 이 점은 정부에서 속히 개선해야 하지만 최소한 현재 사용하고 배출하는 물질의 종류는 파악할 수 있으며, 배출량의 규모도 정성적으로는 알 수 있으니 아직은 활용 가치가 크다.

〈그림 2〉의 하단 오른쪽(녹색 줄)에는 방문자 수가 표시되어 있어 이 자료를 이용하는 빈도를 보여준다. 이 방문자 수가 업체에 유해화학물

질 배출을 줄이도록 요구하는 시민의 힘이다. 더 많은 시민들이 자주 들어가서 관심 내용도 확인하고 방문자 수도 백 배, 천 배 늘어나기를 소망한다.

유해화학물질,
유해성과 위험성 알아보는 법

가습기 살균제 사태를 겪으며 많은 이들이 평소에 들어보지도 못한 화학물질의 이름을 접하게 되었다. 처음에는 옥시레킷벤키저사가 가습기 살균제에 사용한 폴리헥사메틸렌구아니딘PHMG과 세퓨라는 회사가 사용한 염화에톡시에틸구아니딘PGH을 중심으로 다루다가, 애경이 가습기 살균제에 사용한 클로로메틸이소티아졸리논CMIT과 메틸이소티아졸리논MIT에 대해서도 알아야 하는 상황이 되었다.

2011년 우리 정부가 동물 흡입 독성 시험 결과를 바탕으로 "CMIT/MIT 성분은 폐질환과 인과관계가 없다"고 잘못된 결론을 내린 적도 있고, 한때 식품의약품안전처가 샴푸 등 씻어내는 방식의 생활용품에 대해서는 CMIT와 MIT를 0.0015% 이하로 사용할 수 있도

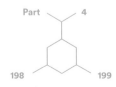

록 허용한 적도 있으니 우리가 알아두어야 할 화학물질은 점점 늘어나는 셈이다.

피부 독성이 낮다는 이유로 샴푸, 물티슈 등의 제품에 이런 물질이 포함될 수 있었다면, 우리는 입으로 들어갈 때 나타나는 경구 독성, 분무aerosol 형태로 폐에 흡입될 때 나타나는 흡입 독성, 피부에 닿을 때 나타나는 피부 독성까지 구분할 수 있는 '비범한' 능력을 가져야만 유해 화학물질로부터 살아남을 수 있을 것이다.

가습기 살균제 사태에서 우리가 자주 듣게 된 복잡한 화학물질의 정보를 어떻게 찾을 수 있는지 설명하려고 한다. 하지만 이런 화학물질의 이름을 정확하게 알고 독성 정보까지 스스로 찾아보며 살아야 상식 있는 시민이라고 주장하고 싶지는 않다. 오히려 이런 화학물질의 이름조차 듣지 않고도 잘 살아갈 수 있는 세상을 만드는 편이 훨씬 낫다고 생각한다.

간략하게 말하자면, 어떤 화학물질의 구체적인 정보를 알고 싶을 때는 국립환경과학원의 화학물질정보시스템, 식품의약품안전평가원의 독성정보제공시스템, 안전보건공단의 물질안전보건자료 검색 등을 활용할 수 있다.

● 국립환경과학원의 화학물질정보시스템
(http://ncis.nier.go.kr/main.do)

  2015년부터 시행된 '화학물질의 등록 및 평가 등에 관한 법률'과 '화학물질관리법'의 산업체 이행을 지원하고 화학물질 관련 정보를 시민들에게 일원화하여 제공하기 위해 만든 시스템이다. 2018년 12월 현재 총 4만 5,839건의 화학물질 정보와 1,832건의 유해화학물질 분류·표시 정보 등을 제공하고 있다.

● 식품의약품안전평가원의 독성정보제공시스템
(http://www.nifds.go.kr/toxinfo)

  식품, 의약품, 화장품, 마약 및 향정신성 의약품, 농약, 살충제, 동물용 의약품, 중금속, 기타로 나누어 화학물질 1,400여 건의 독성 정보를 제공하고 있다.

● 안전보건공단의 화학물질정보검색
(http://msds.kosha.or.kr/)

  2018년 12월 현재 1만 9,796종의 화학물질에 대한 물질안전보건자료MSDS, Material Safety Date Sheet를 제공하고 있다. 물질안전보건자료는 해당 물질의 유해성, 위험성을 포함하여 16가지 항목의 정보를 담고 있다.

그런데 이런 웹사이트를 활용할 때는 우리가 알고 있는 화학물질의 한글명이나 영문 약어보다 화학물질에 부여된 고유번호CAS No.를 알아야 검색이 더 쉽다. 아래의 네 가지 화학물질 중 국립환경과학원 화학물질정보시스템에서 한글 명칭으로 검색이 가능한 것은 '폴리헥사메틸렌구아니딘'뿐이고 다른 물질은 고유번호를 통해 검색하는 것이 가장 정확하다. 다른 사이트도 마찬가지다. 화학물질의 정보를 알려면 해당 물질의 고유번호를 확인하기 위한 별도의 노력이 필요한데, 이는 일상을 살아가는 시민들에게 기대하기에는 어려운 범위이다.

화학물질명 (영문 약어)	화학물질명(한글)	화학물질명(영문)	CAS No.
PHMG	폴리헥사메틸렌구아니딘	Poly(hexamethyleneguanidine)	89697-78-9
PGH	염화에톡시에틸구아니딘	Oligo(2-(2-ethoxy)ethoxyethyl guanidium chloride)	374572-91-5
CMIT	클로로메틸이소티아졸리논	5-chloro-2-methyl-4-isothiazolin-3-one	26172-55-4
MIT	메틸이소티아졸리논	2-methyl-4-isothiazolin-3-one	2682-20-4

〈표 1〉 우리나라 가습기 살균제 사건에 나타난 화학물질명과 화학물질 고유번호

고유번호를 확인한 이후에는 상대적으로 수월하다. 식품의약품안전평가원에서 PHMG, PGH, CMIT, MIT의 독성 정보를 확인할 수 있다.

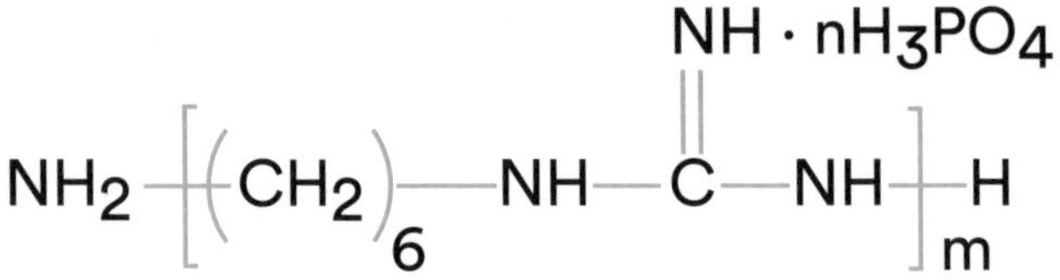

$$NH_2 -\!\!\left[(CH_2)_6 -\!NH-\overset{\displaystyle NH \cdot nH_3PO_4}{\underset{\displaystyle }{C}}-NH\right]_{\!m}\!\!H$$

Poly(hexamethylenguanidine) phosphate

〈그림 1〉 PHMG(폴리헥사메틸렌구아니딘의 인산염, CAS No.89697-78-9)의 화학식. 우리나라에서는 SK케미칼에서 SKYBIO 1100이라는 명칭으로 제조하였다.

옥시레킷벤키저가 가습기 살균제 원료로 사용한 PHMG의 물질안전보건자료를 안전보건공단의 화학물질정보검색에서 확인하는 과정 역시 화학물질 고유번호를 확인한 이후에는 까다롭지 않다. 〈그림2〉와 같이 해당 물질의 유해성·위험성을 비롯하여 16개 항목의 자료를 확인할 수 있다.

더 많은 이들이 자신과 가족의 안전을 위해 화학물질 정보를 확인하려고 하는 것을 굳이 나쁘다고 말하긴 어렵지만, 그런 상황에 대해 솔직히 마음이 편치는 않다. 한때 우리나라 중·고등학생들도 소해면상뇌

1. 화학제품과 회사에 관한 정보

2. 유해성·위험성

가. 유해성·위험성 분류

급성 독성(경구) : 구분4
급성 독성(흡입: 분진/미스트) : 구분2
심한 눈 손상성/눈 자극성 : 구분1
특정표적장기 독성(반복 노출) : 구분1
급성 수생환경 유해성 : 구분1
만성 수생환경 유해성 : 구분1

나. 예방조치문구를 포함한 경고표지 항목

- 그림문자

- 신호어
  위험
- 유해·위험문구
  H302 : 삼키면 유해함
  H318 : 눈에 심한 손상을 일으킴
  H330 : 흡입하면 치명적임
  H372 : 장기간 또는 반복노출 되면 신체 중 (…)에 손상을 일으킴
  H400 : 수생생물에 매우 유독함
  H410 : 장기적인 영향에 의해 수생생물에게 매우 유독함

<그림2> PHMG의 물질안전보건자료

증Bovine Spongiform Encephalopathy(일명 광우병)에 대한 해박한 지식을 뽐내던 때도 있었으니 굳이 작정하고 확인하려면 가능하긴 할 것이다. 하지만 많은 제품은 포함하고 있는 화학물질 정보를 자세히 표시하지 않고, 혹 표시한다고 하더라도 정확한 화학물질명이 아니라서 위에서 소개한 물질안전보건자료나 독성 정보를 확인하기가 어렵다. 가습기 살균제 사태 이후에도 물티슈와 화장품 등에서 CMIT, MIT가 검출되어 판매

중지된 적이 있었는데, 이때도 해당 제품에 성분 표시가 되어 있지 않았다. 다른 제품의 성분 표시에서도 구체적인 화학물질이 아니라 해당 물질의 유형을 적는 경우가 대부분이다. (그래서 최근에는 화장품의 성분을 알려주는 애플리케이션을 사용하는 이들도 생겨났다.)

앞에서 말한 것처럼 각 화학물질에 부여된 고유번호인 카스 번호를 알아야 그나마 독성 정보 확인이 수월해진다. 따라서 내 주변의 모든 이들이 위에서 설명한 화학물질의 독성 정보를 충분히 확인하며 살아갈 것이라고 기대하지 않는다. 오히려 자신이 사용하는 제품에 포함된 물질이 안전한 것이라고 믿을 수 있는 세상을 만드는 편이 손쉬울 수 있다. 또한 현재 수준에서 파악 가능한 위험 물질은 국가와 기업이 막아주도록 제도화하는 편이 훨씬 낫다. 적어도 위험이 발생한다면 적극적으로 그 해결책을 찾아낼 수 있는 나라에서 살아야 한다.

2015년의 마지막 날, 한 웹진에 기고한 〈왜 우리는 가습기 살균제에 분노하지 않는가〉라는 제목의 글을 통해 불매운동에 대한 서명에조차 시민들의 참여가 저조하다면, 제조업체가 우리 목소리에 귀 기울이지 않을 것이라고 말한 바 있다. 기업이 소비자를 중심에 둔다는 건 원칙적인 이야기일 뿐이다. 관심이 없거나 금방 잊어버리는 소비자는 고려 대상이 아니다. 당시 옥시레킷벤키저가 수많은 사상자를 내고서도 버티다가 검찰 조사 직전에 마지못해 사과한 것은 우리나라 소비자의 저항을 심각하게 고려하지 않았기 때문일 것이다.

다행히 이후 활발해진 소비자들의 참여가 가습기 살균제의 제조사, 판매사를 비롯하여 우리 정치권에도 영향을 미쳤다. 다소 늦은 감이 있지만 2016년 여름에는 옥시 불매운동이 거세게 일어나 대형마트 중 해당 기업의 제품을 판매하지 않는다고 공지한 곳도 있었고, 현재도 온라인 쇼핑몰 중에는 옥시레킷벤키저 제품을 검색하지 못하게 한 곳이 있다. 당연히 판매량은 이후 급격하게 줄어들었다. 옥시레킷벤키저의 제품에 대한 불매운동 자체보다 중요한 것은 SK케미칼, 애경, 홈플러스, 롯데마트 등 우리나라 사람이라면 누구나 알 만한 기업이 관여한 이런 일이 다시는 발생하지 않도록 시민들이 무섭게 지켜보고 있다는 걸 기업에게 똑똑히 알려주는 일이다.

또한 문제의 소지가 있는 제품의 생산과 판매를 막을 수 있는 제도적 안전장치나 기업 활동으로 발생한 피해에 대해 사업자의 책임을 분명히 묻는 법 제도의 체계화가 필요하다. 화학물질정보 사전예보제, 제조물책임법, 징벌적 손해배상제, 집단소송제, 중대재해 기업처벌법 등의 제도적 장치가 갖추어지는 데도 시민들의 역할이 필요하다. 물론 이러한 법 자체를 시민들이 직접 만들지는 않지만, 보다 많은 정치인들이 적극적으로 관심을 갖고 움직이도록 도와줄 수는 있다. 예를 들어, 자신이 사는 지역의 국회의원에게 연락하여 내 관심과 우려를 전하는 건 어떨까? 제도적 장치를 만들어내는 이들에게 필요한 건 역시 투표권을 가진 시민들의 관심일 테니 말이다.

나를 대신하여 목소리를 내는 시민단체를 지원하는 방법도 있다. 가습기 살균제 피해자들과 함께 움직인 한 시민단체는 한때 걸려오는 전화를 다 받기 어려울 정도로 인력이 부족했다고 한다. 비록 가습기 살균제 사태에서는 피해를 입지 않았어도, 보다 안전한 사회를 만들지 않으면 결국 우리도 피해자가 될 수 있다. 그 일을 땀과 시간을 들여 하고 있는 이들에게 박수를 보내는 일 정도는 손쉽게 할 수 있을 것이다.

가습기 살균제 사태를 계기로 PHMG, PGH, CMIT, MIT 등 가습기 살균제에 사용되어 문제를 야기한 화학물질에 대한 관리 감독은 분명 강화될 것이다. 하지만 우리 주변에 있는 화학물질이 이것만 있는 것은 아니다. 게다가 매번 새로운 화학물질에 대한 정보를 찾아보기도 어렵다. 더 위험한 점은 우리 주변의 화학물질이 어떤 영향을 미칠지 정확하게 알 수 없다는 것이다. 잘 모를 때는 조심조심 주의하며 살아가야 한다는 것이 환경학이 우리에게 알려준 지혜다.

2016년 탈취제 페브리즈에 들어간 살균제 성분을 확인하기 위해 환경부가 판매업체인 한국P&G에 해당 정보를 요청한 적이 있었다. 제품의 겉면에 자세한 성분이 표시되어 있지 않고, 제조사 웹사이트에도 성분에 대한 정보가 없어서 판매국 정부가 별도로 요청해야 겨우 성분 물질을 확인할 수 있었던 것이다.

이런 사회에서는 국립환경과학원 화학물질정보시스템, 식품의약품안전평가원 독성정보제공시스템, 안전보건공단 물질안전보건자료 검색 등을 활용할 수 있다고 해도 유해화학물질로부터 자신과 가족을 지키기 어렵다. 오히려 이런 일이 어떻게 생겼는지, 누가 더 큰 책임을 져야 하는지, 어떻게 해야 이런 일이 다시는 생겨나지 않을지 곰곰이 돌아보아야 한다. 그리고 이런 걱정 없이 살아갈 수 있도록 오늘 그리고 내일 우리 사회를 어떻게 바꾸어야 할지를 고심해야 한다.

그 변화의 과정에 시민으로서 나는 어떻게 참여할 수 있을까? 앞서 제시한 것처럼 기업, 정치권, 시민사회 등을 통해 자신의 목소리를 전하는 방식은 적지 않다. 그 외에도 자신이 사용하는 물건의 성분을 한 번 더 확인하고, 주변에 유해화학물질의 위험성을 알리는 데 이 책을 참고하는 방법도 있을 것이다. 내가 살아가면서 사용하는 모든 화학물질은 결국 나와 내 이웃의 삶에 다시 영향을 미친다는 아주 간단한 사실을 기억하면 좋겠다.

유해 생리대, 살충제 달걀···
소비자 혼자 해결할 수 없다

2017년 3월 여성환경연대가 생리대의 유해성 문제를 제기했다. 처음에 식품의약품안전처(식약처)는 여성환경연대의 발표를 신뢰할 수 없다고 했다가 여론과 총리의 질책이 이어지자 그해 8월 마지못해 생리대 유해성 조사에 나섰다.

식약처 조사는 2014년 이후 국내에서 생산되거나 수입된 666개 품목의 생리대와 팬티라이너, 기저귀 10종을 대상으로 휘발성 유기화합물 검출 시험과 인체 위해성을 평가했는데, 전수조사 결과는 2018년 5월에 나올 예정이었다. 그런데도 식약처는 연구를 시작한 지 한 달 만인 9월 28일 "국민이 사용하는 생리대 가운데 안전성 측면에서 위해성이 확인된 제품은 없다"며 "생리대를 하루 7.5개씩, 월 7일 평생 써도 안전하다"고 중간 결과를 발표해 식약처 조사에 대한 국민적 불신을 자초했다.

2017년 12월 28일, 식약처는 생리대와 팬티라이너 2차 전수조사 결과를 내놓았다. "1차 때 조사하지 않은 클로로벤젠, 아세톤 등 나머지 휘발성 유기화합물 74종에 대한 위해 평가를 실시한 결과, 검출량이 유해한 영향을 미치지 않는 것으로 평가됐다." 그러나 처음부터 유해성 축소에 급급했다는 불신을 자초해온 식약처의 발표로 생리대에 대한 불신이 사그라들지는 않았다.

제품의 안전성을 관리 감독하는 정부 부처를 신뢰할 수 없는 시민들은 자구책 마련에 나섰다. 안전하다는 해외 유기농 제품과 천생리대가 품귀 현상을 빚기도 하고 생소한 생리컵 구매도 크게 늘었다. 그러나 유기농 생리대는 가격 면에서, 천생리대와 생리컵은 편의성 면에서 소비자들이 지속적으로 사용할 수 있을지는 두고 볼 일이다.

'생리대 유해성 논란'에 이어 '살충제 달걀 파동'이 터졌다. 2017년 8월 달걀에서 살충제가 검출되면서 시작된 '살충제 달걀 파동'은 '생리대 파동'에 이어 상품의 안전성을 관리하는 정부에 대한 믿음을 송두리째 무너뜨렸다. 더구나 친환경 농가에서 생산된 달걀도 일반 농가와 마찬가지로 살충제가 검출되자 그간 정부가 인증한 친환경 제품을 믿고 구입했던 소비자들은 친환경 인증 제도뿐 아니라 유기농이나 친환경을 내세운 상품 전체를 신뢰할 수 없게 되었다.

상품을 생산하는 기업도, 상품의 안전성을 관리 감독하는 정부도 믿을 수 없으니 소비자가 직접 상품의 안전성을 찾아 나섰다. 달걀의 생산자를 확인하고, 상품의 성분명을 확인해 유해성을 따지려는 소비자가 늘어난 것이다. 또 정부 기관뿐 아니라 기업, 개인이 상품의 유해성 정보를 제공하기도 하는데, 화장품 성분을 분석하는 인기 애플리케이션 '화해'는 500만 명이 다운로드하는 등 인기를 끌고 있다.

그러나 상품을 구입할 때마다 소비자가 직접 성분명을 확인하는 것은 전문가조차 불가능한 일이다. 또 월 사용자가 100만 명에 육박하는 '화해'가 제공하는 정보가 정확하지 않다는 주장도 꾸준히 제기되고 있다. 유해한 성분을 안전하다고 표시하는 등 반쪽짜리 정보에 불과하다는 비판에 대해서는 '화해' 측도 일부 시인하고 보완하겠다는 의견을 밝힌 바 있다.

시판되는 상품의 유해성에 대한 불안 때문에 직접 화장품을 만들거나 천생리대를 사용하려는 소비자도 늘고 있다. 문화센터마다 천연 화장품이나 비누 등을 만드는 공예 강좌는 인기 강좌로 자리 잡은 지 오래고, 생리대 파동 이후 천생리대는 내년까지도 판매가 예약되어 있어 구하는 것도 쉬운 일이 아니다.

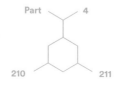

그러나 수고로움을 감수하고 만들거나 구한 화장품이나 천생리대도 안전한 것만은 아니다. 천생리대에 사용되는 천의 형광증백제 문제나 화장품 원료의 유해성 문제 등 유해물질을 피하려는 개인적 수고와 노력을 무색하게 만드는 일이 종종 벌어진다. 상품의 친환경성 인증 관리가 제대로 되지 않는 것처럼 원료의 친환경, 유기농 인증도 제대로 되지 않기는 마찬가지다.

2017년 8월, 친환경 상품을 취급하는 한살림에 고가에 납품되던 달걀에서 DDT가 검출되었다. 믿고 구입하던 소비자는 물론 유기농과 친환경 상품을 생산하고 보급하는 일에 자부심을 갖고 실천하던 생산자와 한살림에도 큰 충격이었다. 농장에서는 살충제와 제초제는 물론 항생제도 쓰지 않았고, 검출된 DDT가 이미 1979년부터 판매가 금지된 농약이라는 점, 반감기가 최대 24년인 DDT가 토양에서 검출된 것을 고려해 원인은 오래전 과수원으로 쓰던 땅의 문제였을 거라고 짐작한다.

결국 농장주는 평생 일궈왔다는 농장을 닫기로 결심했다. 환경이 오염된 곳에서 닭과 달걀만 관리한다고 친환경 달걀을 생산할 수 없다는 것을 이번 사건을 통해 뼈저리게 깨달았다고 한다. 신념을 갖고 유기농을 실천해왔던 양계농가에서 생산한 달걀에서 DDT가 검출된 일은 상품의 안전성을 확보하기 위해서는 상품의 안전성만 관리한다고 되는 일이 아니라는 것을 보여주었다. 우리가 살아가고 있는 사회의 지속가능성이나 환경과 동떨어져 우리가 사용하는 상품의 안전성만 담보하는 일은 가능하지 않기 때문이다.

또한 천생리대의 열풍도 오래갈 것 같지는 않다. 여성의 사회적 진출과 더불어 시작된 일회용 생리대의 편리함을 포기하는 게 쉽지 않기 때문이다. '생리대 유해성 논란'과 '살충제 달걀 파동'을 계기로 상품의 안전성 문제와 더불어 토양오염이나 일회용품 폐기물 문제 같은 환경문제에 대해 고민하는 것은 당연히 필요한 일이다. 그러나 그 고민을 해당 소비자인 여성이나 주부에게만 부담시키는 것으로는 문제를 해결할 수 없다. 상품의 안전성 문제는 보건의 문제, 환경의 문제이기도 하지만 안전성을 담보하기 위한 부담과 책임을 누가 얼마씩 나눌 것이냐는 정의의 문제이기도 하기 때문이다.

불편함을 감수하고 환경과 건강을 위해 천생리대를 사용하는 소비자의 결단에는 박수를 보낼 일이다. 하지만 적극적으로 실천할 수 없는 수많은 소비자들을 위한 안전 대책은 정부와 생산자가 먼저 내놓아야 한다. '생리대 유해성 논란'과 '살충제 달걀 파동'은 그들이 저지른 사고이기 때문이다.

'생리대 유해성 논란'처럼 문제가 터질 때마다 개인이 허겁지겁 해법을 찾고 부담을 고스란히 떠안는 일은 이제는 그만두어야 한다. '살충제 달걀 파동'이나 해마다 되풀이되는 '조류독감'처럼 근본적이고 거시적인 해결책 없이 미봉책만 되풀이하여 사고가 반복되는 일도 그만두어야 한다. 가습기 살균제 피해자와 가족처럼 피해자만 자책감으로 괴로워하는 일도 이제는 정말 그만두어야 한다.

소비자와 생산자가
함께 해결한다

삼성전자, 반도체의 직업병이 사회문제가 된 지 10년 만인 2017년, 드디어 삼성직업병이 법적으로 폭넓게 인정되기 시작했다. 그간 삼성 직업병으로 혈액암, 뇌종양, 유방암만 인정되었으나 희귀질환인 다발성경화증까지 산업재해(산재)로 확인되었고, 생산 공정에서 일한 적이 없는 협력 업체 관리자가 삼성반도체로 인해 백혈병에 걸렸다는 것도 인정되었다. 또한 삼성반도체에 이어 삼성디스플레이에서도 산재로 백혈병이 발병된 것이 확인되면서 전자, 반도체 산업에서 광범위하게 발생하고 있는 '삼성직업병'이 법적으로 폭넓게 인정되고 있다. 반도체 산업의 산재는 비단 삼성 계열사만의 문제는 아니다. LG디스플레이에서도, SK하이닉스에서도 또 그 협력 업체에서도 작업장 유해물질로

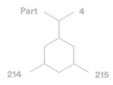

인한 산재 피해는 이미 오래전에 시작되었다.

　2007년 황유미 씨의 사망으로 삼성 백혈병 문제가 세상에 알려진 지 10년이 지났다. 2014년 '삼성전자 반도체 백혈병 협상 조정위원회(조정위)'가 구성되었지만 삼성 백혈병 문제가 해결될 기미가 보이지 않는 가운데 반도체 산업으로 인한 산재 사고는 점점 늘어나고 있다. '반도체 노동자의 건강과 인권 지킴이(이하 반올림)'에 의하면 2007년 이후 2016년 12월까지 삼성반도체, 삼성디스플레이 노동자의 직업병으로 인한 사망자는 100명이 넘어섰다.

　2004년 경기도 화성에 있는 디스플레이^{LCD, DVD} 부품 사업장에서 일하던 태국 노동자 8명이 하반신 마비로 걷지 못하게 된 사건, 2006년 경기도 광주, 부천, 구미에서 반도체 하청 기업의 이주 노동자들이 사망한 사건 등 반도체 관련 산업에서 사망하고 발병한 노동자의 직업병까지 고려하면, 반도체 산업으로 인한 피해는 반도체 산업의 성장에 비례해 눈덩이처럼 불어나고 있다. 그런데도 정치권도 대부분의 언론도 반도체 산재 피해자에 크게 관심을 기울이지 않는 듯하다.

　비단 정치권과 언론만의 문제도 아니다. 반도체 산업에서 산재를 일으킨 원인 물질은 유해 생리대 문제를 일으킨 물질과 유사하고 피해 정도, 피해 기간은 물론 피해자도 결코 적지 않지만 소비자도 삼성직업병에 관심을 갖지 않는다. 가습기 살균제, 살충제 달걀, 유해 생리대 문제에 반응하는 소비자들의 불안과 대응과 견주어보면 반도체 산재에 대한 무관심은 놀라울 정도다. 집 안에 삼성전자 물건을 쌓아놓고 소비하는 삼성 소비자가 무관심한 사이 삼성은 피해를 부정하고 약속한 보상마저 늦추고 있다. 우리나라 국민 대부분인 삼성 소비자의 무관심 속에서 지난 10년간 삼성반도체 산재 피해자와 반올림 같은 피해자 지원 단체만 진실 규명을 위한 외로운 싸움을 하고 있다.

케모포비아란 신조어가 등장할 정도로 화학물질에 민감해진 소비자와 시민이 같은 유해화학물질로 인한 반도체 산재에 둔감한 이유는 무엇일까? 상품의 직접적 유해성만 아니라면 물건을 생산하는 작업환경이 어떠하든 소비자는 안전하다고 믿기 때문일까? 과연 소비자는 작업장에서 일어나는 유해물질로 인한 잠재적 피해자가 될 가능성은 없는 것일까? 작업환경 문제는 소비자와 시민의 문제가 아닌 것일까?

유해 생리대에서는 톨루엔, 스타이렌, 1,2,3-트리메틸벤젠 같은 접착제의 휘발성 유기화합물이 문제가 되었다. 삼성반도체에서도 트리클로로에틸렌, 시너, 감광액, 디메틸아세트아미드, 아르신, 황산 같은 발암물질을 포함한 세척, 식각제에 사용되는 휘발성 유기화합물이 문제가 되었던 것으로 드러났다. 유해 생리대에서 문제가 된 세척제와 접착제에 포함된 유해물질은 반도체 공정에서 문제가 된 유해물질과 마찬

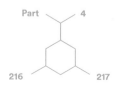

가지로 대부분 휘발성 유기화합물이다. 휘발성 유기화합물의 유해성으로 산업 현장이나 상품에서 문제가 일어나자 국가에서는 규제 대상 물질을 지정해 관리하고 있다.

연번	제품 및 물질명	연번	제품 및 물질명
1	아세트알데히드	15	디메틸아민
2	아세틸렌	16	에틸렌
3	아세틸렌 디클로라이드	17	포름알데히드
4	아크롤레인	18	n-헥산
5	아크릴로니트릴	19	이소프로필 알콜
6	벤젠	20	메탄올
7	1,3-부타디엔	21	메틸에틸케톤
8	부탄	22	메틸렌클로라이드
9	1-부텐, 2-부텐	23	엠티비이(MTBE)
10	사염화탄소	24	프로필렌
11	클로로포름	25	프로필렌옥사이드
12	사이클로헥산	26	1,1,1-트리클로로에탄
13	1,2-디클로로에탄	27	트리클로로에탄
14	디에틸아민	28	휘발유

연번	제품 및 물질명	연번	제품 및 물질명
29	납사	34	톨루엔
30	원유	35	테트라클로로에틸렌
31	아세트산(초산)	36	자일렌(o-,m-,p-포함)
32	에틸벤젠	37	스틸렌
33	니트로벤젠		

〈표 1〉 휘발성 유기화합물 규제 대상 물질

삼성반도체 산재는 규제 대상이 된 유해물질조차 제대로 관리가 되지 않아서 생긴 것이지만 규제 대상이 된 휘발성 유기화합물질만 문제는 아니다. 규제 대상이 된 물질은 용도가 다양하거나 성능이 뛰어나고 가격이 저렴해서 널리 사용되는 바람에 유해성이 드러난 경우가 대부분이다. 따라서 규제 대상이 아닌 물질이라고 해서 안전하다고 안심할 수는 없다.

현재 유통되고 있는 화학물질은 약 10만여 종에 이르며 전 세계적으로 매년 2,000여 종의 새로운 화학물질이 개발되어 상품화되고, 국내에서도 매년 400여 종의 신규 화학물질이 사용되고 있다고 한다. 이렇게 많은 화학물질이 사용되고 있지만 정부의 규제와 관리는 소비자의 안전을 보장할 수 있는 수준과는 거리가 멀다. 화학물질을 사용해도 충분히 안전하다는 증거는 거의 없다고 해도 과언이 아니다.

가령 가습기 살균제에 사용된 PHMG, PGH, CMIT와 같은 물질은 상대적으로 안전한 물질이지만 쓰이는 방법(분무)에 따라 매우 위험한 물질이 되기도 하고, 상식과는 다르게 고농도가 아니라 저농도에서 위해성을 나타내는 물질도 있다. 또 단일 물질로 사용할 때는 안전한 물질이 함께 사용되는 경우(칵테일 효과) 위해한 물질이 되는 일도 적지 않다. 개별 물질이 어떻게 얼마나 사용되어야 위해한지를 제대로 연구한 결과가 매우 적기 때문에 불행하게도 화학물질, 특히 휘발성 유기화합물의 경우는 사고와 경험을 통해 위해성이 드러난다.

휘발성 유기화합물이 작업자와 소비자의 건강과 생명을 위협하지만 작업장에서는 다양한 용도로 사용되고, 특히 반도체 산업 같은 전자산업에서는 절대적이라고 할 만큼 많이 사용된다. 반도체 칩 한 개를 만드는 데 1.7kg의 화석연료와 화학약품이 사용되고 컴퓨터 한 대를 만드는 데 상당수의 발암물질을 포함한 천 가지 이상의 화학물질이 한데 섞인다. 청정 산업의 이미지를 가진 반도체 산업이야말로 유해물질의 독성 실험실이라고 불러도 부족하지 않다.[1]

우리나라의 산업안전보건법에서는 "산재의 발생을 은폐해서는 안

되며(제10조), 신규 화학물질을 제조하거나 수입하려면 위해성, 위험성을 조사해야 하고(제40조), 화학물질의 명칭, 구성 성분의 명칭 및 함유량, 안전·보건상의 취급주의 사항, 건강 유해성 및 물리적 위험성 등을 기재한 물질안전보건자료를 작업자에게 공개하고 정보를 제공해야 한다(제41조)"고 밝히고 있다. 또 "안전·보건상 유해하거나 위험한 작업만을 분리하여 도급(하도급을 포함한다)을 줄 수 없다(제28조)"고도 명시하고 있다.

작업환경 때문에 산재가 발생했을 때 이를 감추느라 시간을 허비하지 않고 제대로 원인을 진단했다면 유해물질로 인한 노동자의 피해를 더 키우지는 않았을 것이다. 산업안전보건법만 지켜졌어도 100명이 넘는 삼성직업병 사망자와 하반신 마비가 된 8명의 태국 노동자와 파악조차 되지 않는 이주 노동자를 포함한 하청 업체 노동자의 산재 문제는 미리 예방할 수 있었거나 최소한 보상 문제라도 해결될 수 있었을 것이다.

작업장의 안전을 위한 최소한의 조건인 화학물질의 안전성 검사나 정보의 공개만 이루어졌어도 노동자는 물론 소비자의 피해도 줄일 수 있었을 것이다. 작업장에서 위해성이 확인된 물질만이라도 사용하지 않았더라면, 생리대 같은 상품에서 유해물질이 검출되는 일은 없었을 것이다. 또 작업 공정에서 사용된 물질에 대한 정보가 제대로 제공되고 공개되었더라면, 가습기 살균제 같은 물질이 그토록 오랫동안 많은 피

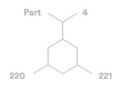

해자를 양산하지 않았을 것이다. 상품을 생산하는 데 사용되는 화학물질의 정보가 노동자뿐 아니라 소비자에게까지 법대로 공개되었더라면, 유해한 물질이 상품 생산에 사용되는 일도, 상품의 유해성이 발견되었을 때 우왕좌왕 원인을 찾아 시간을 낭비하는 일도 줄일 수 있었을 것이다. 노동자의 안전을 지켜주는 작업환경을 만드는 일은 노동자뿐 아니라 소비자의 안전을 위해서도 중요하고 절실하다.

수많은 유해물질을 다루는 작업장에서 작업자의 안전을 지키기 위한 최소한의 조처들은 결국 유해물질을 걸러내는 최소한의 조처가 되기 때문에 소비자는 자신이 사용하는 상품의 작업환경과 산재에 관심을 기울일 필요가 있다. 사업장에서 사용되는 유해물질은 많든 적든 소비자들이 사용하는 제품에도 섞이기 마련이다. 상품의 안전을 위해서라도 사업장에서 사용되는 유해물질에 대한 소비자의 감시가 필요하다. 안타까운 일이지만 노동자의 산재 피해를 통해 물질의 유해성이 드러나는 일이 적지 않기 때문에 노동자의 산재 피해에 관심을 갖고 해결과정을 지켜보고 지원하는 일 또한 반드시 필요하다.

작업환경만 제대로 관리했어도 가습기 살균제 참사나 유해 생리대 문제는 생기지 않았거나 더 빨리 원인을 밝혀 해법을 강구할 수 있었다. 생산품에 유해한 물질이 사용되는 것을 막거나 최소한 어떤 물질이 사용되는지를 보다 빨리 파악해낼 수 있기 때문이다. 먼 나라에서 온 이주 노동자의 산재 문제가, 2017년 한 해에만 55조의 이익을 냈다면서 산재 보상에는 인색한 삼성전자의 산재 문제가, 화학물질로 범벅이 된 소비재를 매일매일 접하는 소비자의 문제이기도 하다. 유해한 작업장에서 더 높은 농도로 더 많은 물질에 더 오랜 시간 노출되는 노동자의 작업환경은 상품의 위해성을 막아내는 방파제이기 때문이다.

산재 피해자와 반올림은 지난 10여 년간 삼성반도체가 영업 비밀을 내세워 공개하지 않는 물질 정보를 공개하라며 외로운 싸움을 지속하고 있다. 이제 노동자가 내민 외로운 손을 삼성을 포함한 전자 반도체 제품을 사용하는 소비자가, 알려지지 않고 알 수도 없는 유해물질의 잠재적 피해자인 소비자가 맞잡아야 한다. 노동자는 소비자 앞에서 유해물질을 겪어내는 선험적 피해자이기 때문이다.

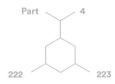

무죄추정의 원칙이 아닌
사전 예방의 원칙

로마제국의 패망이 왕이나 귀족이 납으로 만든 수도관이나 술잔을 사용해 납중독으로 미치게 됐기 때문이라는 주장부터 시작해서 화학물질로 인한 피해는 이미 오래전부터 알려져 왔다. 대략 1920년대 이후에는 다양한 합성화학물질이 대량으로 소비되면서 사람들은 각종 암과 수많은 질병으로 심각한 피해를 겪어왔다. 세계보건기구는 유해화학물질이 해마다 600여만 명의 사망에 직간접적으로 관여하는 것으로 추정한다.

이런 상황을 근본적으로 해결하기 위한 답은 단연코 '사전 예방'이다. 그 이유는 명백하다. 일이 벌어지고 피해가 분명해지고 나면 막대한 돈과 시간을 쏟아부어도 돌이킬 수 없는 경우가 허다하기 때문이다.

쉽게 말하면 호미로 막을 일을 가래로도 못 막는 것이다. 멀리 갈 것도 없이 가습기 살균제 피해가 그런 사례다. 충분히 막을 수 있었던 피해를 키웠고 시판된 지 20년도 더 지난 지금도 전체 인명 피해의 규모가 제대로 파악되지 않고 있다.

이 참사로 많은 어린아이들이 죽거나 회복할 수 없는 상처와 질병으로 인해 평생 고통을 겪게 됐다. 날벼락처럼 가족을 잃은 사람들의 마음은 또한 어떤가. 꺾이고 스러진 생명은 돈으로도 보상할 수 없다. 가장 좋은 방법은 그런 일이 벌어지지 않도록 미리 예방하는 것이다. 그래서 유해화학물질의 관리는 1980년대 이후 사전주의 원칙을 국제적인 기본 방침으로 삼고 있다.

사전주의 원칙은 다른 말로 '사전 조심 원칙'이라 부를 수 있다. 쉽게 말해서 과학적으로 충분히 알거나 입증할 수는 없는 불확실한 상태라 하더라도 후에 돌이킬 수 없는 문제가 예견될 때는 미리미리 조심하자는 원칙을 뜻한다. 늦은 밤 도시의 우범 지역을 피하는 것이 사전주의 원칙에 입각한 행동이다. 그곳에 간다고 강도를 만나거나 나쁜 일을 당한다고 100% 확신할 수는 없지만 그 가능성을 미리 막는 것이 상책임은 누구나 인정할 것이다. 마찬가지로 유해화학물질이 미래에 가져올지도 모르는 악영향을 미리 막자는 것이다.

최근에는 사전주의 원칙을 법과 제도에 적극적으로 반영하는 것이 거스를 수 없는 국제적 추세가 되고 있다. 나라마다 상세한 내용과 범위 등이 다르지만 기본적인 공통점은 사전주의 원칙을 지향하며 사전예방을 이루고자 한다는 점이다. 구체적 방법으로 화학물질과 제품의 등록 요건을 위해성을 중심으로 훨씬 강화하여 독성 요건을 확대시키고, 사용 과정의 노출을 미리 고려하여 적극적으로 규제한다는 것도 공통점이다. 미리 유해성을 최소화한 물질을 시장에 내놓아서 나중에 문제가 발생할 여지를 사전에 차단하겠다는 것이다. 그러나 이러한 법이나 제도가 현실화되는 과정에서 기업의 반대로 내용이 축소되거나 취지가 훼손됐다는 비판이 끊이지 않는다. 아직 넘어야 할 산이 많은 것이다.

유해화학물질의 피해를 돌아보고 미래에 다가올 위협을 최소화하기 위해 유럽환경청에서는 과거 유해화학물질 혹은 유해인자로 인해 사람과 생태계가 피해를 입은 수십 건의 사례들을 되돌아보며, 미리 알아챘더라면 피해를 줄일 수 있었는데 그러지 못했던 이유를 분석했다.[2,3]

분석 사례 중 우리에게도 잘 알려진 몇 가지를 들면, 백혈병 유발 물질인 벤젠, 폐암과 더불어 치명적인 폐질환을 일으키는 석면, 암을 비롯해 다양한 질병을 일으키는 폴리염화바이페닐, 오존층 파괴 물질인 염화불화탄소CFCs, 휘발유에 섞은 납(유연휘발유), 유기수은으로 인한 미나마타병, 악명 높은 농약인 DDT, 유해화학물질 백화점인 담배, 환경호르몬 비스페놀-A 등이 있다.

이 사례의 공통점은 대상 물질의 사용 초기에 문제의 전조나 작은 피해 사례가 있었고 그에 주목하여 위험성을 경고하는 소수의 목소리가 있었다는 점이다. 하지만 피해 가능성을 잘 모르겠다거나 불확실하다는 이유로, 또는 돈벌이를 위해 의도적으로 경고를 무시하여 피해가 확대됐다. 또한 초기의 경고 이후 피해가 커지고 큰 문제가 되기까지 보통 10~20년이 걸렸으며 그 후 피해 보상은 훨씬 오래 걸렸다. 예를 들어 1950년대에 들어 주목을 끌기 시작하여 1956년에 공식적으로 수은이 원인으로 확인된 일본의 미나마타병에 대한 재정적 보상은 60년이 지난 지금까지도 마무리되지 않았다.

많은 사례들이 반복해서 던지는 첫 번째 교훈은 화학물질과 제품이 일단 시장에 나오면 문제의 불확실성 때문에 조기에 적극적으로 대처하기 어렵다는 것이다. 결국 문제가 분명해진 이후에야 대응하게 되는데 이는 사회경제적으로 더 큰 손실을 초래한다. 돈으로만 따져도 사전 예방이 경제적이고, 더 중요한 것은 문제가 발생하면 비싼 대가를 치르더라도 피해자들을 온전히 회복시키지 못한다는 점이다.

두 번째 교훈은 가해자가 분명한 경우조차 갖가지 방편을 동원해서

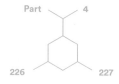

피해 보상을 제대로 하지 않거나 지연시킨다는 점이다. 더욱이 현대사회에서는 매우 많은 화학물질이 일상적으로 사용되며 낮은 농도에 장기간 노출되면서 발생하는 악영향이 증가하고 있다. 따라서 원인 물질을 찾아내기가 더욱 복잡하고 피해자는 있는데 가해자를 지목하기 어려운 경우가 많다. 그러니 신속하고 적절한 피해 보상을 기대하기는 더 어렵다. 일반적으로 피해자는 약자이기 때문에 피해의 사후 처리는 사회 정의와 환경 정의에도 반한다.

사전주의 원칙의 가장 중요한 출발점은 화학물질이 무해하다고 입증되기 전까지는 유해한 것으로 간주해야 한다는 점이다. 즉, 유해성이 따로 입증되지 않으면 괜찮은 것으로 생각하는 그동안의 입장이나 관행을 뒤집어야 한다. 이는 얼핏 상식적으로 통용되는 무죄추정의 원칙(유죄가 확정되기 전까지는 무죄로 인정)과는 반대되는 것처럼 여겨져 사전주의 원칙이 현실화되는 데 걸림돌이 되고 있다.

사실 유해화학물질의 직접적인 피해자나 가해자가 아닌 사람들도 무죄추정의 원칙에 동조하기 쉽다. 즉, 유해한 물질을 생산·판매하는 것이 범죄라면 범죄 여부를 가리기 위해서는 유해성이 확인될 때까지는 문제가 없는 것이라 추정해야 한다고 믿는 것이다. 그러나 이런 입장은 유해화학물질의 문제에서는 다시 생각해볼 필요가 있다. 앞서 얘

기한 것처럼 (문제의 불확실성과 가해자의 방해 때문에) 문제 제기가 일찍 이루어지기 어려워 적절한 조처가 늦어지기 일쑤이기 때문이다. 오랜 시간이 지난 후에야 돌이킬 수 없는 피해가 밝혀지고 피해 유발물질이 여러 개일 때는 더더욱 그렇다.

한편 기업은 기본적으로 돈을 버는 것이 목적인 조직이기 때문에 모든 의사 결정이 이윤의 최대화를 향해 최적화된다. 꼭 악덕 기업이 아니더라도 기업의 입장에서는 유해성이 분명히 입증되지 않았다면 무해한 것이라는 주장을 합리적인 것으로 받아들이는 것이 쉽고 편하다. 사전 예방을 위해서는 제품을 시장에 내놓기 전에 다각도로 무해함을 입증해야 하는데 무해한 제품을 만드는 것 자체도 어렵고 많은 비용이 드는 일이라고 보기 때문이다.

또 안전성을 입증하는 것도 많은 돈과 시간을 요하기 때문에 제품을 판매함으로써 얻을 이윤이 줄거나 뒤로 미뤄질 수밖에 없다. 이는 불확실한 미래의 문제를 막기 위해 당장 큰 비용을 들여야 하는 것으로 인식될 수도 있다. 따라서 기업의 입장에서는 사전주의 원칙이 반가울 리 없고 할 수 있는 한 이를 반대한다.

그러나 많은 기업의 행태는 사실 그렇게 소극적 태도에 머무르지는 않는다. 많은 사례에서 보듯이 기업들은 돈벌이를 위해 나쁜 짓을 적극

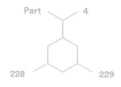

적으로 자행해왔다. 지난 수십 년 간 사실을 왜곡하거나 감추고, 이미 발생한 초기의 문제가 드러나는 것을 막기 위해 거짓 약속을 하고 피해 자를 협박하거나 매수했다. 또한 불확실한 미래에 돈을 쓸 필요가 없다 는 주장을 합리화하기 위해 그 불확실성을 적극적으로 부풀리거나 아 예 문제가 없다는 날조된 증거를 만들어내기도 했다.

사전주의 원칙은 과도한 규제를 불러와 기업의 개발 의욕을 꺾어 기 술 발전을 방해하며 일자리를 줄인다는 일방적인 주장도 해왔다. 기업 은 온갖 수단을 동원해 적극적으로 사전주의 원칙을 무력화하려는 행 태를 보여왔다.[3] 이럴 때 사전 예방에 있어서 가장 큰 실행 책임을 가 지는 기업이 사전주의 원칙을 지키도록 만들기 위해서는 먼저 소비자 가 사전주의 원칙에 따른 정책을 도입하도록 정부에 요구해야 한다. 늘 소비자가 가장 큰 피해자이기 때문이다.

화학물질이 인체나 생태계에 어떤 악영향을 일으킬 것인가를 규명 하는 일에는 두말할 필요 없이 과학자의 역할이 대단히 중요하다. 그러 나 과학자도 과학자 나름이기에 과학자를 단순화하여 크게 두 집단으 로 나누는 것이 필요할 것 같다.

첫 번째는 자신의 본분에 충실한 글자 그대로의 과학자다. 잘 훈련된 과학자는 어떤 현상에 대해 충분히 입증할 만한 증거가 있어야만 분명한 결론을 내린다. 아직 불확실한 점을 짐작에 기대 말하는 것 자체를 꺼리며, 어쩔 수 없는 상황이라면 매우 조심스럽게 말하면서 오히려 불확실하다는 점을 강조할 것이다. 이는 과학자로서 마땅한 태도라고 할 수 있지만 바로 그 때문에 안타깝게도 그동안의 유해화학물질 문제를 해결하는 데 있어서 '미리' 큰 도움이 되지는 못한 것이 사실이다.

물론 물질의 유해성을 과학적으로 밝혀내는 일은 결국은 과학자들의 몫이다. 그러나 의사 결정을 위해 과학적 평가 결과가 "당장" 필요한 경우 불확실하다며 섣불리 결론을 내리지 못하고, 시간이 흘러 문제가 커진 다음에야 분명한 결과를 내놓는다면 이는 사후약방문이 될 수밖에 없다. 따라서 과학적 연구만으로는 적절한 시기에 문제를 해결할 수 없다.

두 번째 과학자 그룹의 역할은 훨씬 더 부정적이다. 이들은 의도적으로 가해자의 입장을 변호하는 사이비 과학자다. 이들도 과학 분야에서 훈련을 받은 전문가이기 때문에 박사이며 교수이고 논문도 발표하니 겉으로 식별해내기 어렵다. 하지만 본질적으로는 돈을 받고 가해자를 위해 과학적 지식을 파는 자들이다. 이들의 활약이 두드러졌던 사례는 많지만 특히 유명한 사례가 담배 회사와 흡연자 간의 소송이다. 흡연의 유해성에 관한 과학적 증거가 충분히 쌓여 있어도 담배 회사 측의 사이비 과학자들은 유해하다고 단정할 만한 증거가 부족하다고 주장하거나

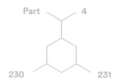

심지어는 과학이라는 미명하에 유해하지 않다는 실험 결과들을 만들어서 수십 년간 소송을 끌어왔다. 증거가 많을 때도 이러니 증거가 부족하여 불확실성이 클 때는 얼마나 활개를 칠지 미루어 짐작할 수 있다.

이들의 큰 무기는 '과학적 불확실성과 그를 악용한 의구심의 확산'이다. 사실 불확실성에 기초한 의구심은 과학의 속성이기도 하다. 엄격한 잣대를 끊임없이 들이대면 어딘가 불확실한 점이 존재한다. 사이비 과학자들은 이런 과학의 속성과 사전 예방을 위한 단계에서 나타나는 불확실성을 구실로 사전 예방을 막으려는 기업을 위해 과학으로 치장하고 손발 노릇을 한다. 그러는 동안 더 많은 사람들이 죽거나 질병으로 고통을 겪게 된다. 돈만 준다면 사람도 죽이는 살인청부업자와 본질적으로 다를 바가 없기에 이들을 청부 과학자라 부르며 이들의 일을 제품방어산업이라고 부르기도 한다.[4] 정리하자면 의도적이든 아니든 오랫동안 사전 예방의 제도적 정착에 과학자들이 부담이 되었던 측면이 있었고 이는 앞으로도 쉽게 없어지지 않을 것이다.

환경부 회의 혹은 환경 관련 전문가 회의 등에 참석하면 환경문제를 지나치게 걱정하는 것 아닌가 하는 분위기를 종종 느끼게 된다. 시민들이 불필요한 공포에 떨까 봐 신경을 쓰는 것이다. 일종의 오류에 대한 걱정인데 물론 오류가 없는 것이 바람직하다. 그러나 여러 불확실성 때문에 어차피 무오류를 장담할 수 없다면, 심각할 수도 있는데 혹시라도 빠뜨린 문제는 없을까를 지나치게 걱정하는 태도가 차라리 시민과 생태계의 건강을 위해서 낫고 사전주의 원칙에 더 부합되는 것이다.

흥미롭게도 유럽환경청의 조사 결과 유해성이 걱정되어 미리 규제를 했지만 알고 보니 공연한 걱정이었던 경우는 다 뒤져도 수십여 년 동안 겨우 4건에 불과했다. 그리고 이런 오류는 심각한 악영향의 가능성을 무시하는 그 반대 유형의 오류보다 사회적 비용도 훨씬 적다. 그럼에도 불구하고 우리 사회, 특히 환경 전문가나 담당 관료는 공연한 걱정이 될까 봐 걱정하는 경향이 너무 큰 것 같다. 이제는 사람과 생태계의 피해를 놓치는 건 아닌지 그래서 호미로 막을 것을 가래로도 못 막게 되는 건 아닌지를 '지나치게' 걱정하는 것이 좀 더 기본적인 태도가 되었으면 좋겠다.

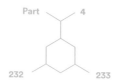

부록

유해물질 관련 정보를 쉽게 알 수 있는 사이트와 단체

정부 기관

● 식품의약품안전처 식품의약품안전평가원

http://www.nifds.go.kr/index.do

식품, 의약품, 화장품, 마약 및 향정신성 의약품, 농약/살충제/동물용 의약품, 중금속, 기타로 나누어 화학물질 독성 정보를 제공한다. 식품의약품안전평가원 독성정보제공 시스템은 독성 정보 DB 이외에도 중독 정보 DB와 상품 정보 DB를 제공하고 있으나 회원 가입이 필요하다.

● 식품의약품안전처 식품의약품안전평가원의 독성정보제공시스템

http://www.nifds.go.kr/toxinfo

식품, 의약품, 화장품, 마약 및 향정신성 의약품, 농약/살충제/동물용 의약품, 중금속, 기타로 나누어 화학물질 1,400건의 독성 정보를 제공하고 있다.

● 안전보건공단

http://msds.kosha.or.kr

화학물질에 대한 물질안전보건자료MSDS, Material Safety Date Sheet를 제공하고 있다. 물질안전보건자료는 해당 물질의 유해성, 위험성을 포함하여 16가지 항목의 정보를 담고 있다.

● 화학물질종합정보시스템 https://icis.me.go.kr
● 국립환경과학원 http://www.nier.go.kr
● 화학물질안전원 http://nics.me.go.kr
● 안전신문고 https://www.safepeople.go.kr

- 환경부 http://www.me.go.kr
- 행정안전부 https://mois.go.kr
- OECD Database on Research Into the Safety of Manufactured Nanomaterials
  http://www.oecd.org/science/nanosafety

유해화학물질 관련 시민단체

- 환경과 공해연구회 https://blog.naver.com/sooeprg
- 환경보건시민센터 http://www.eco-health.org
- 노동환경건강연구소 http://wioeh.org
- 반올림 https://ko-kr.facebook.com/sharpsglory1
- 환경운동연합 http://kfem.or.kr
- 녹색연합 http://www.greenkorea.org
- 환경정의 http://eco.or.kr
- 여성환경연대 http://ecofem.or.kr

참고문헌

1장

1) Centers for Disease Control and Prevention, "Fourth National Report on Human Exposure to Environmental Chemicals: Updated Tables," Vol.1, U.S. Department of Health and Human Services, 2017.
2) https://orbmedia.org/stories/Invisibles_plastics
3) D. Erkes-Medrano et al., "Microplastics in freshwater systems: A review of the emerging threats, identification of knowledge gaps and prioritisation of research needs," Water Research, 75, 63-82, 2015.
4) C. Lassen et al., Microplastics – Occurrence, effects and sources of releases to the environment in Denmark, The Danish Environmental Protection Agency, 2015.
5) 박소연 기자, '국내 해산물서 미세 플라스틱 인체 영향 우려', JTBC 뉴스, 2017.10.12.
6) GESAMP, "SOURCES, FATE AND EFFECTS OF MICROPLASTICS IN THE MARINE ENVIRONMENT: PART 2 OF A GLOBAL ASSESSMENT," Report and Studies No. 93, 2016.
7) UNEP, "Marine plastic debris and microplastics – Global lessons and research to inspire action and guide policy change," United Nations Environment Programme, Nairobi, 2016.
8) D. Hirst, O. Bennett, "Microbeads and microplastics in cosmetic and personal care products," Briefing Paper, House of Commons Library, UK, Number 7510, 4 January 2017.
9) Eixarch, H., Andrew, D., Household and Personal Care Today, 2017, 12(5), 56-57.
10) https://echa.europa.eu/
11) Faust, M., et al. "Predicting the joint algal toxicity of multi component s triazine mixtures at low effect concentrations of individual toxicants." Aquatic Toxicology 56, no. 1 (2001): 13 32.
12) Jane Houlihan, et al. (2005): Body Burden, the pollution in newborns, The Environmental Group.

2장

1) 전수민 기자, '이제서야… 모든 생활화학제품 살생물질 전수조사', 국민일보, 2016.05.24.

2) Leslie Cizmas et al., Pharmaceuticals and personal care products in waters: occurrence, toxicity, and risk. Environ. Chem. Lett. DOI 10.10007/s10311-015-0524-4, 2015.

3) Christian G. Daughton, Introduction to Parmaceuticals and Personal Care Products (PPCPs). (http://www.epa.gov/nerlesd1/chemistry/pharma/image/drawing.pdf)

4) http://www.neiwpcc.org/ppcp/

5) http://www.medreturn.com/

6) http://www.neiwpcc.org/ppcp/ppcp-what-to-do.asp

7) http://reach.me.go.kr/

8) 화학물질의 등록 및 평가 등에 관한 법률 해설서, 화학안전산업계지원단, 2015.

9) K.L. Law et al., Environ. Sci. Technol. 48, 4732–4738, 2014.

10) UNEP (2016). Marine plastic debries and microplastics-Global lessons and research to inspire action and guide policy change. United Nations Environmental Programme, Nairobi.

11) L.C. Lebreton et al., Marine Pollut. Bull. 64(3), 653-661, 2012.

12) S.C. Gall, R.C. Thompson, Marine Pollut. Bull. 92, 170-179, 2015.

13) GESAMP (2015). Sources, fate and effects of microplastics in the marine environment: a global assessment. Rep.Stud. GESAMP.

14) C.M. Rochman et al., Scientific Reports 3, 2013.

15) S.L. Wright et al., Environ. Pollut. 178, 483–492, 2013.

16) C.M. Rochman et al., Nature, 494, 169-171, Feb. 14, 2013.

17) Li Y., et al. Sci. Total Environ. 2008a, 403:99-104.

18) Chatterjee R. Environ. Sci. Technol. 2007, 41:5577-5577.

19) Chen DH., et al. Environ. Pollut. 2009a, 157:1051-1057.

20) Li HR., et al. Environ. Sci. Technol. 2007, 41:5641–5646.

21) Deng WJ., et al. Environ. Int. 2007, 33:1063–1069.

22) Leung AOW., et al. Environ. Sci. Technol. 2008, 42:2674–2680.

23) Wang JP., et al. Biomed. Environ. Sci. 2006, 19:137–142.

24) Luo Q., et al. Sci. Total Environ. 2007, 383:115–127.

25) Li B., et al. Energy Procedia 2011, 5: 2527-2531.

26) Zhao GF., et al. Environ. Geochem. Health 2006, 28:341-351.

27) Chan JKY., et al. Sci. Total Environ. 2013, 463–464:1138–1146.

28) Wu K., et al. Environ. Sci, Technol. 2010, 44:813-819.

29) Huo X., et al. Environ. Health Perspect. 2007, 115:1113–1117.

30) Zhao GF., et al. Sci. Total Environ. 2008, 397:46–57.

31) Li Y., et al. J. Environ. Monitor. 2008b, 10:1233–1238.

32) Zheng LK., et al. Environ. Res. 2008, 108:15–20.

33) Liu Q., et al. Environ. Sci. Pollut. Res. Int. 2009, 16:329–338.

34) Herbstman J. et al. Environ. Health Perspect. 2010, 118: 712–719.

35) 이형진 기자, '수입폐기물로 돈 버는 시멘트업체, 이대로 괜찮나', SBSCNBC, 2014.10.28

36) http://www.basel.int

37) Brett HR. Sci. Total Environ. 2009, 408:183-191.

38) 임흥식 기자, '대만, 핵폐기물 북한 이전 강행', MBC, 1997.1.28.

39) 남종영 기자, '방사성동위원소 업체 4615곳… 무적 방사물질 떠돈다', 한겨레, 2011.11.15.

40) [사설] '주택가 방사능, 기준치 이하라도 철저히 대처해야', 한겨레, 2011.11.03.

41) 행정안전부 국가기록원.

42) 캠프 캐롤 한미공동조사 최종조사결과보고서, 2012.

43) 부평 캠프 마켓 주변 지역에 대한 1단계 환경기초조사 보고서, 2012.

44) 녹사평역 유류오염 지하수 확산 방지 및 외곽 정화용역보고서, 2015.

45) 2014년도 캠프킴 유류오염 지하수 확산 방지 및 외곽 정화용역보고서, 2015.

46) 캠프 캐슬 환경오염조사 및 위해성평가 보고서, 2013.

47) 주한미군기지 이전지원사업단 국회국방위제출자료, 2011.

48) 김정수 박병수 김외현 기자, '중금속 오염 주한미군기지, 정화 없이 반환받기로', 한겨레, 2015.03.12

49) 대기환경연보(2017), 국립환경과학원, 2018.

50) 2016년 화학물질 배출량 조사결과 보고서, 화학물질안전원, 2018.

51) South Coast Air Quality District, MATES-IV: Multiple air toxics exposure study in the south coast air basin, 2014.

52) 중국 천진항 폭발사고의 시사점, 김우선 외, 한국해양수산개발원, 2015.

53) 재난 안전 관리 현황과 주요 대책 분석Ⅱ-유해화학물질 안전 관리 실태 분석, 국회 예산정책처, 2017.

54) 조일준 기자, '인도 보팔 참사 보상 30년째 제자리 걸음', 한겨레, 2014.11.10.

3장

1) 신동명 기자, '울산시민 10명 중 6~7명 불안하다', 한겨레, 2016.10.24.
2) 조일준 기자, '반도체 산재 인정하라, 반올림 10년째 거리의 외침', 한겨레, 2017.11.20.
3) 노현웅 기자, '실명사고 난 사업장, 메탄올 기준치 10배 검출', 한겨레, 2016.02.18.
4) 노현웅 기자, '또… 파견노동자 메탄올 중독 의식불명', 한겨레, 2016.02.25.
5) 노현웅 기자, '메탄올 사고, 원청인 삼성·LG도 책임 있다', 한겨레, 2016.03.02.
6) Centers for Disease Control and Prevention, "Fourth National Report on Human Exposure to Environmental Chemicals: Updated Tables," Vol.1, U.S. Department of Health and Human Services, 2017.
7) http://www.who.int
8) 김기범 기자, '가습기 살균제 속 유해물질 환경부, 제대로 평가 안 했다', 경향신문, 2015.09.25.
9) 안종주 환경보건시민센터 운영위원 보건학 박사, '두 얼굴의 옥시, 한국 소비자를 분노케 하다', 프레시안, 2014.02.11.
10) 김재호 기자, '끝나지 않은 가습기살균제 참사… 아빠의 눈물', 베이비뉴스, 2018.11.27.
11) 유해화학물질 사고사례 및 화학사고 대응 기술, 환경부.
12) 김일우 기자, '상주 염산 누출 공장 부실관리 탓', 한겨레, 2013.01.23.
13) 김기성 기자, '시흥 시화공단서 불산 누출… 인명피해 없어', 한겨레, 2013.05.06.
14) 오윤주 기자, '하이닉스 청주공장 염소 누출… 은폐 의혹도', 한겨레, 2013.03.22.
15) 오윤주 기자, '청원 안경업체서 유독가스… 230여명 치료', 한겨레, 2013.04.10.
16) 최상원 기자, '삼성, 이번엔 염소 누출… 6명 부상', 한겨레, 2013.04.14.
17) 김기성 기자, '파주 LG디스플레이 질소 누출… 2명 숨져', 한겨레, 2015.01.12.
18) Slovic, P. (1987). Perception of risk. Science, 236(4799), 280-285.
Cox, J. R. (2012). Environmental Communication and the Public Sphere. SAGE Publications.

4장

1) 테드 스미스 외, 《세계 전자산업의 노동권과 환경정의》, 메이데이, 2009.
2) European Environment Agency, Late lessons from early warnings: the precautionary principle 1896–2000, Environmental Issue Report No. 22, 2001.
3) European Environment Agency, Late lessons from early warnings: science, precaution, innovation, Environmental Issue Report No. 1, 2013.
4) 데이비드 마이클스, 《청부과학》, 이마고, 2009.

매일매일 유해화학물질

ⓒ 이동수·이수경·김찬국·장영기, 2019

초판 1쇄 발행 2019년 2월 28일
초판 3쇄 발행 2024년 6월 21일

지은이 │ 이동수·이수경·김찬국·장영기
펴낸이 │ 이상훈
편집1팀 │ 김진주 이연재
마케팅 │ 김한성 조재성 박신영 김효진 김애린 오민정

펴낸곳 │ (주)한겨레엔 www.hanibook.co.kr
등록 │ 2006년 1월 4일 제313-2006-00003호
주소 │ 서울시 마포구 창전로 70(신수동) 화수목빌딩 5층
전화 │ 02) 6383-1602~3 팩스 │ 02) 6383-1610
대표메일 │ book@hanien.co.kr

ISBN 979-11-7213-077-0   03330